L'homme qui murmure à l'oreille des gorilles

Toutes les photographies sont de l'auteur.


Éditions du Rocher
28 rue Comte Félix-Gastaldi – BP 521 – 98015 Monaco

*www.editionsdurocher.fr*

ISBN : 978-2-268-10913-8
EAN epub : 9782268109497

Max Hurdebourcq

# L'homme qui murmure à l'oreille des gorilles

éditions du
ROCHER

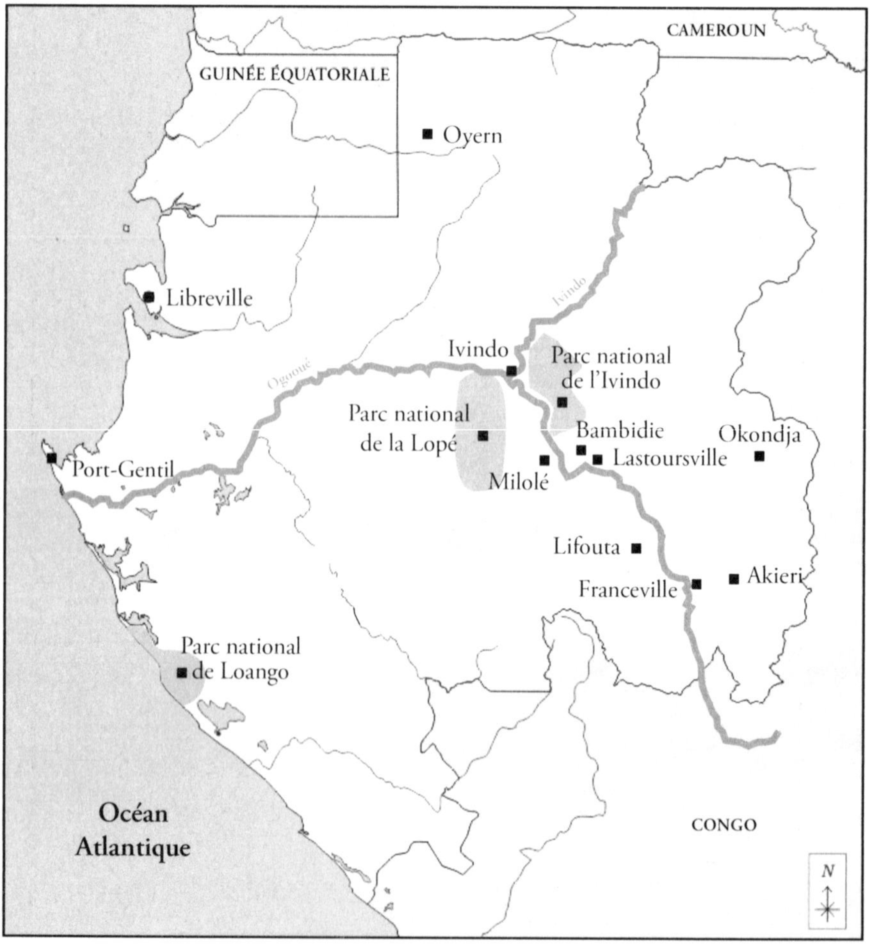
CAMEROUN
GUINÉE ÉQUATORIALE
Oyern
Libreville
Ivindo
Ivindo
Ogooué
Parc national
de l'Ivindo
Parc national
de la Lopé
Bambidie
Okondja
Port-Gentil
Milolé
Lastoursville
Lifouta
Akieri
Franceville
Parc national
de Loango
Océan
Atlantique
CONGO
N

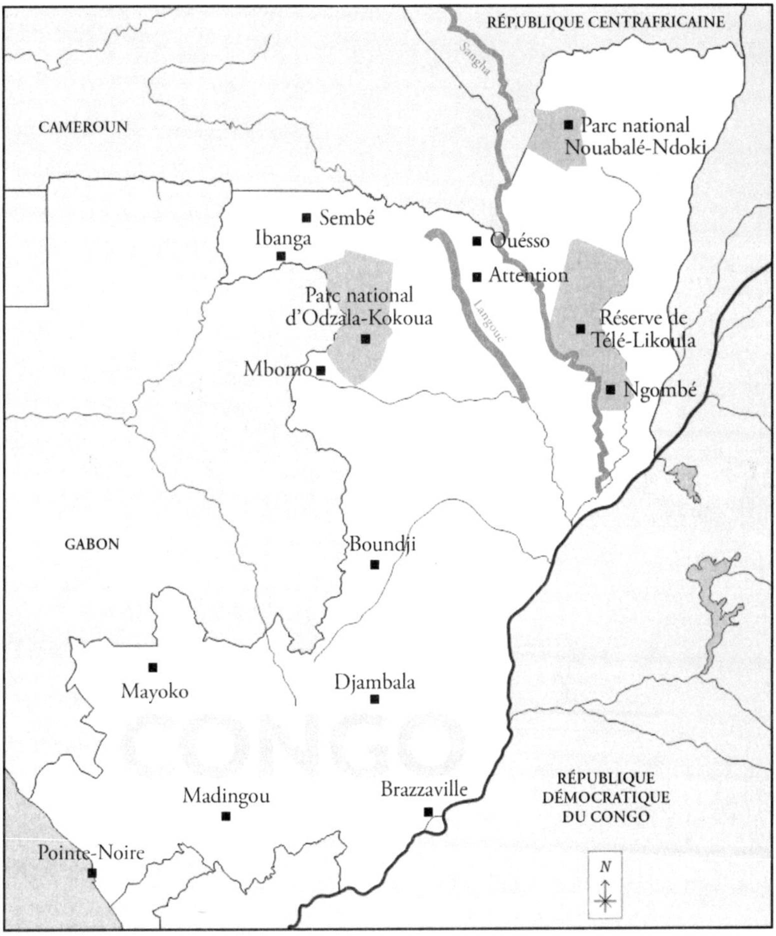
RÉPUBLIQUE CENTRAFRICAINE
CAMEROUN
Sangha
Parc national
Nouabalé-Ndoki
Sembé
Ibanga
Ouésso
Attention
Parc national
d'Odzala-Kokoua
Langoué
Réserve de
Télé-Likoula
Mbomo
Ngombé
GABON
Boundji
Mayoko
Djambala
CONGO
Madingou
Brazzaville
RÉPUBLIQUE
DÉMOCRATIQUE
DU CONGO
Pointe-Noire
N

# Prologue

Le gorille, un mâle dominant à dos argenté, fonce vers moi en criant et en se frappant violemment la poitrine. Un mètre soixante-dix, deux cents kilos de muscles, une force bien plus qu'herculéenne. Il avance, furibond, et je me dis : c'est la fin. Je vais mourir. Fuir ne servirait à rien. Au contraire. Je m'accroupis, ne bouge plus. Je ne suis plus rien, sinon l'attente, trois points de suspension avant la possibilité du néant. Ma vie est entre les mains de ce gorille énervé par ma présence ici, sur son territoire. Jamais, moi, le photographe sous-marin habitué aux profondeurs, l'aventurier intrépide que je croyais être et qui se révèle petit homme vulnérable et perdu dans l'immensité verte de la forêt tropicale du Gabon, jamais je n'ai été confronté à une telle imminence du danger, de la mort.

Aucun homme ne fait le poids face à un gorille. Moi et mes 65 kilos, encore moins. Le gorille vient si près que son odeur me submerge, m'emprisonne, me pénètre. Je ne vois rien, tout va trop vite, mais je le sens et je l'entends. Il hurle. Et puis soudain, il repart, aussi vite qu'il est apparu, considérant sans doute que je ne représente aucun danger, aucune menace.

Je n'aurais probablement gardé aucune image en mémoire si ma caméra n'avait pas été enclenchée à ce moment-là. Sans cela, je n'aurais aucun souvenir de la scène que je viens de vivre sinon celui de l'odeur. L'odeur est restée. Je suis incapable de la décrire, encore aujourd'hui, après quinze années d'explorations et de rencontres avec les gorilles. Je n'ai pas les mots, mais elle est en moi. Elle fait partie de moi, de ce que je sais de la forêt et des gorilles, de ce que je suis devenu après toutes ces années. Ce jour-là, le danger s'est inscrit en moi pour toujours, par l'odeur. Je sens désormais les gorilles avant même de les voir. La terrible mémoire de la peur.

Le gorille fait partie des primates les plus proches de l'homme. Le décryptage de son génome a révélé que nous avions des chromosomes en commun. Comme nous, le gorille a deux jambes, deux bras, des mains avec des pouces opposables. Comme nous, il a un visage aux yeux rapprochés, situés sur un même plan ; comme nous, l'évolution l'a doté d'une vision en trois dimensions. Et ce sont sans doute ces ressemblances qui m'ont attiré vers lui. Mais à cet instant précis, tandis que le gorille chargeait en hurlant, je ne pensais plus à la génétique et ne souhaitais qu'une chose : le voir s'éloigner. La réunion de famille était mal engagée et ce lointain cousin ne me paraissait plus fréquentable. Je ne sais pas combien de temps a duré la scène. Tout est allé très vite et pourtant cela m'a semblé une éternité. J'avançais au milieu des feuillages et, soudain, il était là devant moi, à quelques mètres. Je n'avais pas encore appris la forêt, ni les gorilles. Je n'avais pas appris à écouter, à sentir.

Ce jour-là, quand le danger passé, l'adrénaline et la peur dissipées, j'ai recouvré mes esprits, je me suis dit : « Plus jamais je ne remettrai les pieds en forêt. » Et puis je suis revenu. Je m'étais dit que c'était fini, ce n'était que le début. Le gorille m'avait captivé, capturé. Je voulais voir le gorille, mais c'est lui qui m'avait attrapé. Dès le premier regard. Comment l'oublier… J'étais en reportage, je suivais un forestier, l'un de ceux qui, dans cette partie de l'Afrique centrale, exploitent le bois de la forêt, la deuxième forêt tropicale du monde après l'Amazonie. Près de trois millions de kilomètres carrés, qui s'étendent à travers six pays : Cameroun, Guinée équatoriale, République centrafricaine, République du Congo, République démocratique du Congo et Gabon.

La voiture roulait sur la piste, soulevant un nuage de poussière, une poussière rouge propre au sol ferrallitique des zones forestières en Afrique centrale, une poussière qui, en retombant, recouvrait les feuilles des arbres de part et d'autre, comme un voile de gaze. Un linceul. La forêt va mourir, j'ai pensé. Chaque arbre qui tombe, dans ce bruit singulier perceptible à plusieurs kilomètres, ce déchirement de la chute à travers les branches de ses congénères, suivi du contact avec le sol – un son lourd et définitif, sec –, précipite la forêt vers sa fin.

Sur le bord de la route, tandis que fonçait notre véhicule, une femelle gorille marchait, son petit sur le dos. Nous les avons dépassés et j'ai croisé le regard de cette mère. Un regard d'incompréhension. La confrontation de deux mondes. Le sauvage et le moderne. J'ai tout de suite perçu le déséquilibre, le danger pour les gorilles, si puissants dans notre imaginaire et qui m'apparaissaient si vulnérables face à la modernité et ses machines. L'homme est en train de détruire son habitat, ai-je alors réalisé.

« Qui s'occupe des gorilles ? ai-je demandé au forestier.

– Personne, m'a-t-il répondu. Tu veux t'en occuper ? »

Sa question, ironique, un brin moqueuse face au petit Français fraîchement débarqué qui découvrait la réalité de la jungle gabonaise, ouvrait un chemin pour moi, un sentier dans la forêt que j'allais sillonner durant quinze ans. Je m'étais rêvé en explorateur, voyageant aux quatre coins de la planète, plongeant dans les profondeurs des mers et des océans, et je décidai soudain de consacrer ma vie à défendre cet espace singulier que je découvrais à peine et la biodiversité qu'il abritait : les gorilles bien sûr, mais aussi les éléphants, les panthères, les buffles pour ne parler que des plus grands. Je ne souhaitais plus courir le monde, mais me concentrer sur celui-ci, sur ces quelques centaines de milliers de kilomètres carrés où demeurent les plus grands primates vivant sur terre. À moins que ce ne soit le regard de cette mère gorille avec son petit qui ait décidé pour moi ce jour-là. Ce regard qui me signifiait sans équivoque le lien entre nous, les hommes et les gorilles, entre nous et la nature. L'extinction qui les menace nous atteindra aussi si nous ne changeons rien. Notre mode de vie épuise les ressources naturelles de la planète. Nous détruisons les forêts primaires d'Afrique ou d'ailleurs, transportons les arbres que nous y coupons par bateau à l'autre bout du monde, en Chine le plus souvent. Les grumes y sont débitées, transformées en meubles de jardin qui sont transportés à nouveau par bateau vers un autre bout du monde, l'Europe ou les États-Unis. Là, ils sont achetés par des familles qui vivent quelques saisons heureuses dans leur jardin avant de les jeter sans considération dans une déchetterie.

Les gorilles n'ont nulle part ailleurs où aller. Cette forêt est le dernier refuge des derniers gorilles. C'est chez eux. Je parle encore au présent, mais le temps où l'on parlera de tout cela au passé se rapproche à grands pas. J'ai 58 ans. J'espérais ne pas connaître cette catastrophe, mais je crains de devoir la vivre, avec vous. Malgré la taille des gorilles, c'est une disparition moins visible. « Pour vivre heureux, vivons cachés » pourrait être leur devise. Cette disparition se produit au cœur de la forêt, discrètement, en secret. Pas d'images frappantes à partager sur les réseaux sociaux comme celles de ces pauvres ours polaires amaigris dérivant sur un fragment de banquise. Les gorilles nous tendent pourtant un miroir dans lequel nous refusons de voir notre reflet. Par son activité irraisonnée, l'homme fait de la planète un lieu un peu plus inhospitalier chaque jour. Les espèces disparaissent à cause de nous. Viendra notre tour. Car l'humanité, aussi puissante qu'elle puisse se sentir, ne survivra pas à l'extinction de masse qu'elle a provoquée. Songez que l'eau de pluie, que nos ancêtres buvaient en souriant vers le ciel bienfaiteur, est désormais impropre à la consommation, partout dans le monde[1].

Mais il n'est peut-être pas trop tard. Il existe encore un chemin raisonnable. Un chemin qui s'enfonce dans l'épaisseur de la forêt, un chemin qui exige de retrouver une âme d'enfant, capable de s'émerveiller du vol des hirondelles, de la douceur du bourdon, du regard d'un cerf avant la fuite. Suivez-moi. Sans faire de bruit. Les gorilles sont craintifs.

---

1. *Rainwater unsafe to drink due to chemicals : study*, article publié dans la revue *Environmental Science & Technology*, août 2022, à la suite d'une étude dirigée par Ian Cousins de l'université de Stockholm.

# Expédition I :
# Coup de foudre à Bambidie

Bambidie, juin-septembre 2006

Quand j'atterris à Libreville, capitale du Gabon, en juillet 2006, le pays ne m'est pas totalement inconnu. J'y suis déjà venu dans les années 1980. À l'époque, j'étais photographe dans le cadre de missions d'archéologie sous-marine. J'y suis revenu au début des années 2000 pour un reportage sur les tortues luths. J'ai passé de longues heures sur la plage à photographier ces animaux. Et tandis que je multipliais les clichés, je sentais une présence dans mon dos. Une présence forte, massive, qui exerçait sur moi une attraction irrésistible : la forêt. Sur cette plage, j'étais entre deux mondes, deux océans. D'un côté l'Atlantique, l'eau à perte de vue, de l'autre, l'immensité verte de la forêt, un océan d'arbres. Deux univers insondables au regard qui reste à la surface, à la lisière. Dans les deux cas, leur découverte implique une plongée, une immersion. Si je connaissais bien les profondeurs de l'océan, j'ignorais tout de la forêt. L'inconnu qui se trouvait là, à portée de main, m'attirait. Et toujours mon regard, entre deux prises de vue, se tournait vers ce mur vert qui se dressait là et que j'avais envie de traverser. Mon attention avait beau être concentrée sur les tortues, je ressentais – comment le nommer autrement ? – l'appel de la forêt.

De retour en France, j'ai proposé à divers médias mon idée de reportage sur la forêt gabonaise. J'ai rencontré les rédacteurs en chef, discuté longuement avec eux des angles qu'il était possible de choisir. J'ai trouvé, dans l'équipe du magazine *Sciences et Avenir*, une oreille intéressée. Ensemble, nous avons choisi un sujet encore peu traité : l'exploitation des arbres et ses conséquences pour la forêt. Et c'est ainsi que j'ai pu m'envoler, de nouveau, en direction du Gabon.

À la sortie de l'aéroport, je suis pris en charge par un employé de la CFT, la Compagnie des forêts tropicales[1], qui m'accueille pour me faire découvrir toutes les étapes de l'exploitation forestière. Il m'accompagnera pendant mon reportage. Cet homme est responsable du site principal, celui de Bambidie, dans l'est du pays. C'est un drôle de personnage qui semble surgir d'une Afrique révolue. Les Africains, je l'apprendrai plus tard, le surnomment « L'Éléphant » à cause des rides profondes qui marquent son visage de Blanc trop

1. Ce nom a été modifié.

exposé au soleil, et aussi de son allure bonhomme. Ce grand type semble balancer mollement d'un pied sur l'autre.

Dès le premier jour, L'Éléphant m'emmène en forêt. Nous empruntons une large piste à travers la concession de 600 000 hectares de sa société. Tandis que notre véhicule file sur la piste, j'ai le sentiment qu'une immense barrière de feuillage borde la route de chaque côté. Je suis à la fois émerveillé et submergé par tant de végétation. C'en est presque étouffant. Moïse écartait les eaux pour ménager un passage à travers la mer. J'ai l'impression que L'Éléphant écarte les arbres. J'ai conscience de ma chance. Tout le monde n'a pas l'opportunité de pénétrer ainsi dans ces zones reculées.

L'Éléphant connaît bien le terrain. Il me conduit jusqu'à une saline, une zone herbeuse et marécageuse où les animaux viennent boire et se nourrir. Il doit amener là tous les visiteurs qu'il accueille. Un moyen de les émerveiller, de se les mettre dans la poche. Mais nous ne voyons aucun animal. Pourtant nous entendons des bruits, frottements dans les feuilles, craquements, branches qui cassent. Ils sont là dans les arbres, sans doute à nous épier.

« Certainement un gorille », me dit-il.

Je le crois, cherche dans les arbres comme un gamin, en vain. La nuit approche. Nous rejoignons Bambidie, base-vie des forestiers.

Bambidie est divisée en trois parties. D'abord, les maisons des cadres au milieu desquelles se trouve une piscine, ensuite celles des ouvriers. Vient enfin la partie industrielle : scierie, atelier mécanique et zone de stockage de billes de bois.

Je suis là pour témoigner de ce que signifie exploiter la forêt durablement. Visiter les sites de la société, prendre quelques clichés, documenter, montrer que l'entreprise est vertueuse. Je ne suis pas dupe du marché tacite qui m'est imposé par cette invitation. Nous vous ouvrons les portes de notre concession, en retour le reportage doit montrer les bons côtés de la compagnie.

Une exploitation forestière à faible impact doit respecter des procédures, obéir à des critères afin de préserver les bois d'avenir, ceux qui seront coupés dans vingt-cinq ans, ainsi que les porte-graines, ceux qui assurent la régénération de la forêt. Un diamètre minimum est fixé. Seuls les arbres d'un diamètre supérieur à celui-ci peuvent être abattus. Plus question ici de procéder à grands coups de bulldozer. Avancer à travers la forêt pour prélever les arbres les plus rentables et écraser tout le reste est une pratique archaïque, datant d'une époque où l'on se souciait peu de l'avenir, mais qui a encore cours dans certaines zones de l'Afrique équatoriale comme ailleurs dans le monde. Sans parler des coupes rases qui laissent derrière elles un paysage désolé. Il faut alors des décennies pour que la nature reprenne ses droits, même sous les climats tropicaux où la croissance des végétaux est rapide. Ce n'est, de toute façon, plus la même forêt. En remplacement, repousse une forêt secondaire dont la biodiversité est très réduite. Les arbres héliophiles, qui poussent à la lumière, comme l'okoumé, dominent en premier lieu. Il faut longtemps avant que les essences sciaphiles (qui s'épanouissent dans l'ombre) trouvent un couvert favorable à leur développement. Quant à retrouver la forêt primaire ainsi détruite… Pour reprendre la définition du biologiste et botaniste Francis Hallé : « Est qualifiée de *primaire* une forêt n'ayant jamais été ni défrichée, ni exploitée, ni modifiée, de façon quelconque par l'homme[2]. » Et de poursuivre : « Combien de temps faut-il pour que renaisse une forêt primaire à partir d'un sol défriché ? On l'estime à sept siècles dans les tropiques humides, où la croissance a lieu toute l'année, et à dix siècles aux latitudes tempérées, où la croissance, plus lente, s'arrête en hiver. » Il n'est bien sûr pas question pour les forestiers de revenir à la forêt primaire. Lorsque l'exploitation d'une zone est terminée, on la laisse se régénérer pendant vingt-cinq ans.

Pour vérifier le respect des règles qui favorisent la préservation des ressources, des audits sont

2. Francis Hallé, « Il y a urgence à reconstruire de grandes forêts primaires », *Le Monde*, 7 octobre 2019.

réalisés chaque année. Les pistes doivent être tracées en fonction des arbres à couper. Pour cela, un inventaire de ces arbres est réalisé. Près de la route, les forestiers aménagent une zone de stockage. De cette zone, ils tracent une piste de débardage (mille cinq cents mètres au maximum) qui passe au plus près des arbres à couper. De cette piste, ils ouvrent des pistes secondaires (cent cinquante mètres au maximum) jusqu'aux zones d'abattage. Une fois abattu, l'arbre est tracté par un engin débardeur jusqu'à la zone de stockage. Les grumes sont ensuite chargées sur les camions, dont les chauffeurs, pied au plancher, empruntent les routes peu sûres du Gabon (seulement 20 % sont goudronnées ; le reste, ce sont des pistes qui, par endroits, se révèlent de véritables pièges à la saison des pluies). Ces procédures visent à protéger la forêt. Les engins ne doivent pas abîmer le bois d'avenir en manœuvrant.

Au-delà des questions environnementales, l'audit s'intéresse aussi aux questions sociales. Les sociétés qui se prévalent d'une volonté d'exploitation durable ne sauraient fuir leurs responsabilités à ce sujet. Le traitement des ouvriers sur les concessions, notamment en matière de sécurité, est regardé de près.

La certification peut être retirée après chaque audit. Les conséquences financières d'une telle décision sont considérables. Le gouvernement gabonais fait payer des surtaxes aux sociétés non certifiées. Les certifications FSC®, ISO 14001, Keurhout surtout sont autant de sésames pour accéder aux marchés.

Deux auditeurs sont présents en même temps que moi. C'est un moment de stress pour L'Éléphant. En tant que responsable d'exploitation, il est chargé de veiller sur tout : tracé des pistes, choix des bois, gestion du personnel… Le moindre manquement lui sera reproché par la direction. Mais sa société est bien positionnée sur ces sujets, m'a-t-il dit. Certes, des progrès restent à réaliser, sur des points relevés par de précédents audits. Leur récurrence vise aussi à constater les améliorations. La différence entre la Compagnie des forêts tropicales et certains concurrents est cependant visible quand on traverse une concession : carcasses de véhicules, déchets de bois sur les bas-côtés, villages moins bien entretenus.

L'Éléphant m'apprend qu'il est également chargé des relations avec les habitants. Les populations locales, elles aussi, bénéficient de l'exploitation forestière. Comme prévu par la loi, la CFT verse aux villages une somme d'argent pour chaque mètre cube de bois exploité dans leur forêt. Nous avons visité un village situé sur la concession pour vérifier que la construction de la case du chef a débuté en priorité. Il s'agit de renforcer son autorité qu'il a du mal à imposer aux plus jeunes. Certains détournent même les matériaux. Ils craignent que l'argent n'arrive plus une fois le chef servi. Eux aussi veulent de nouvelles cases. L'Éléphant a cherché à les rassurer, mais leur méfiance ne s'était pas dissipée quand nous sommes partis. Dans un autre village, j'ai assisté à une vive discussion au sujet de la construction des cases. L'argent versé a servi à l'achat de téléviseurs, de magnétoscopes, d'abonnements satellite pour suivre la coupe du monde de football qui cette année se déroule en Allemagne. Le Gabon n'y participe pas pourtant. Après des échanges tendus avec les habitants, L'Éléphant a accepté de leur livrer des matériaux de construction.

Cet épisode m'a mis mal à l'aise. Il y avait là quelque chose qui rappelait la colonisation. Les richesses locales contre de la verroterie offerte aux autochtones… Certes, le temps de l'exploitation d'une zone, la vie des habitants s'améliore, le village se modernise. Mais que se passe-t-il durant les vingt-cinq années suivantes, quand les forestiers sont partis et que l'argent ne coule plus ? Il faudrait investir, développer d'autres formes d'activité. J'ai soulevé le problème un soir, tandis que nous discutions en buvant une bière. L'Éléphant a parlé d'un projet de pisciculture, un élevage de tilapias[3], qui permettrait de faire vivre 1 800 à 2 000 personnes. Il y a déjà

3. Poisson d'eau douce ou saumâtre pouvant atteindre soixante centimètres et peser 5,5 kg.

eu des tentatives d'élevage, mais sans succès. Les prédateurs, les parasites, les maladies, le manque de formation des populations locales... Mouton, lapin, escargot, canard... Chaque fois, l'entreprise s'est soldée par un échec. Pourtant, c'est la clé, dit-il. Si on veut que le pays se développe, il faut que les Gabonais prennent les commandes.

Même si le but d'une société forestière est de dégager des bénéfices, il semble difficile de douter de la volonté de L'Éléphant de prendre part au développement économique local. Ce n'est pas le cas de tous les acteurs de l'activité forestière. Certaines entreprises et leurs responsables, chinois, malais ou même français, n'ont pas la même éthique. Elles exploitent la forêt et les populations locales sans vergogne et parfois même sans permis...

* * *

J'ai assisté à l'abattage d'un arbre. Mon premier. Je ne l'oublierai jamais. C'était un arbre immense, impressionnant, comme l'a été le bruit de sa chute sur le sol. Cinquante mètres de haut, deux mètres cinquante de circonférence. Le genre d'arbre devant lequel on veut s'asseoir et méditer. Au lieu de cela, cet arbre vénérable a été abattu. C'était un sapelli dont le bois est très prisé des ébénistes. Cet arbre peut monter à soixante mètres de hauteur. Pour cela, il lui faut de longues années. Un siècle entier.

Sa croissance, freinée par le couvert des autres arbres, est très lente. Chaque spécimen parvenu à l'âge adulte est un survivant. Les plantules que l'on peut voir autour des arbres adultes sont nombreuses. Mais seulement un pour cent atteindra le stade de gaulis (dix centimètres de circonférence). Et encore moins parviendra à l'âge adulte. Il lui faut trente-cinq à quarante-cinq ans pour donner ses premières fleurs qui n'apparaissent que lorsqu'il a enfin atteint la lumière du soleil. La lutte pour la reproduction de l'espèce n'est pas terminée. Les premiers fruits ne viennent que vingt-cinq ans plus tard, quand il a 60 à 80 ans. Autant dire qu'un sapelli de cette dimension ne se trouve pas sous le sabot d'un buffle. Il n'a fallu que vingt minutes aux tronçonneurs pour le mettre à terre.

Dans une forêt primaire, il faut parfois marcher plusieurs kilomètres pour trouver deux arbres de la même espèce. Cela est dû à la formidable concurrence qui existe entre les espèces. Les variétés sont nombreuses (on recense parfois jusqu'à cent espèces différentes à l'hectare en forêt équatoriale) et se livrent une âpre lutte pour atteindre la lumière. C'est une course lente, invisible pour les humains pressés que nous sommes. Tout cela existe dans un équilibre fragile. L'intervention humaine dans un tel espace entraîne des changements. Le chablis créé par un arbre abattu, va, par exemple, permettre à davantage de lumière du soleil de venir jusqu'au sol, et favoriser la croissance des espèces héliophiles. En cas de coupe rase, comme la pratiquent malheureusement certains forestiers peu scrupuleux, il faut de longues années pour qu'une forêt revienne, une forêt secondaire à la biodiversité bien moindre. Inutile de réfléchir longtemps pour comprendre que chaque intervention de ce type, même après des décennies, même après un siècle, entraîne un nouvel appauvrissement. Prélever avec mesure, en respectant les règles de l'exploitation raisonnée, est une nécessité si l'on veut transmettre cette biodiversité aux générations futures.

Pour cela le travail de prospection et d'inventaire des arbres est incontournable. Cartographier les arbres permet de tracer des routes avec un impact réduit sur l'environnement.

C'est un travail difficile à cause des pluies et surtout des insectes. S'il faut se méfier des animaux sauvages de la forêt (fauves, éléphants, buffles, primates…), les insectes, surtout les fourmis, sont les ennemis numéro un du prospecteur. Et parmi toutes celles que l'on peut rencontrer, les fameuses magnans sont les plus redoutables. On les appelle fourmis légionnaires mais, pour les avoir vues à l'œuvre, elles m'évoquent davantage Attila et les Huns que les Romains. Certes une colonne de magnans ne progresse que de vingt mètres par heure, mais quand elles avancent, rien ne peut les arrêter. Si elles décident de traverser votre campement, vous n'avez pas d'autre solution que la fuite.

* * *

Je pars en « barda » avec l'équipe chargée de réaliser l'inventaire d'exploitation. Cette mission dure deux semaines, mais je ne resterai que quelques jours avec eux. Leur chef me raccompagnera ensuite à la base-vie. Un camion nous dépose au bout d'une ancienne route forestière, aménagée il y a vingt-cinq ans pour la précédente exploitation. Dès le départ, je sens une tension entre le chef, un jeune d'une vingtaine d'années, et son équipe. Cette dernière n'a pas digéré la suppression de leur prime de rendement lors du dernier jour de paye.

Nous marchons à travers la forêt. La piste qui mène au campement est difficile. La dense végétation, le sol glissant, la forte humidité. Tout semble vouloir m'empêcher d'avancer quand je vois mes compagnons marcher sans difficulté. Je ne veux pas passer pour le citadin perdu dans l'immensité sauvage. Je m'accroche, le souffle court. J'en bave, mais tâche de n'en rien montrer.

Le campement est sommaire. Quelques bâches en plastique tendues sur des structures en bois. Les hommes dorment sur des lits picots. Équipement réduit à l'indispensable. En brousse, le superflu n'a pas sa place.

Un matin, nous partons à 6 h 30 pour l'inventaire d'une zone. L'équipe se compose d'un machetteur, d'un boussolier, d'un layonneur, auxquels s'ajoutent cinq compteurs et deux vérificateurs. Je passe une journée entière avec cette équipe qui entre pour la première fois dans la forêt vierge, situation vouée à disparaître. À terme, toutes les forêts du Gabon auront été exploitées.

Encore une fois, je les suis avec peine. Je bute, glisse, m'arrache la peau, tombe. Je suis comme Blanche-Neige lorsqu'elle se réveille en forêt et se sent agressée par la moindre branche. Je n'en suis pas à voir des monstres dans les troncs d'arbre. Heureusement, car je dois rester concentré. Les layons[4] ouverts à la machette sont dangereux à cause des coupes en biseau. Chaque plante est un piège. Il y a quelques jours, L'Éléphant m'a raconté la fois où, en tombant, il s'est planté une petite branche coupée à la machette dans l'aisselle. Je connais ma maladresse et j'angoisse à l'idée de m'empaler sur l'un de ces bois menaçants. Se blesser au milieu de la forêt équatoriale n'est pas une bonne idée. Une infection peut vite se développer et le dispensaire le plus proche se trouve souvent à plusieurs heures de route, parfois plusieurs jours. Seules les pistes ouvertes par les éléphants sont sans danger, paraît-il… Je n'en ai jamais vu et je me les figure

4. Sentiers forestiers.

comme de belles allées bien larges, bien nettoyées et terrassées. Versailles… Une racine dans laquelle je me prends les pieds me ramène bien vite à la réalité. Il s'en est fallu de peu pour que je m'étale au sol à nouveau. Les regards et les rires de mes compagnons lorsque je suis tombé quelques instants plus tôt me poussent à me concentrer et à garder l'équilibre. Même si mon souci est avant tout de préserver l'appareil photo que je transporte. Sans lui, mon reportage serait fichu.

Les fourmis sont omniprésentes. Je ne savais pas qu'il en existait autant de sortes différentes. Si les magnans sont les plus agressives, les *Tetraponera*, espèce endémique de l'Afrique centrale, qui vivent à l'intérieur du tronc creux du *Barteria*, aussi appelé l'arbre adultère, sont bien plus redoutables. Leurs morsures sont beaucoup plus douloureuses. L'arbre est ainsi appelé parce qu'on y attachait les femmes infidèles. Je n'ai pas réussi à connaître le sort réservé à l'homme adultère.

Les compteurs avancent en ligne de front en se positionnant à la voix. Ils signalent tous les bois : ceux qui seront exploités, les bois d'avenir (trop jeunes), les bois refusés (anomalies) ou trop dangereux à abattre, les essences qui ne sont pas encore exploitées, les bois porte-graines (un spécimen jeune sans défaut et qui servira à ensemencer des parcelles). Tous les bois sont répertoriés. Travail fastidieux, dans un environnement extrême.

Chaleur, humidité, insectes accentuent la fatigue et le risque d'accident. Sont aussi reportés sur les cartes les cours d'eau, la topographie. Viendra plus tard un autre inventaire, dit d'aménagement. Il sera réalisé avant l'exploitation et prendra en compte la faune et la flore, autrement dit les contraintes, des richesses sans valeur aux yeux des forestiers, mais qu'ils doivent respecter, protéger s'ils veulent préserver leur label d'exploitation raisonnée.

Au cours de cet inventaire, j'ai la chance de voir un très gros bois, un tiama de deux mètres cinquante de diamètre. C'est une essence qui n'est pas encore exploitée dans cette zone, mais elle est très prisée en menuiserie et pour la construction des bateaux. Cet arbre a plus d'un siècle. Sa cime culmine à plus de quarante mètres. Sans doute est-il né à la fin du XIXe siècle. Aucune tronçonneuse ne menaçait ses congénères. Il a traversé les lustres. Il tombera en quelques minutes à la prochaine campagne de coupe.

Autre motif qui m'attriste : les gars de l'équipe d'inventaire ont piégé trois antilopes et un sanglier. Ils en ont le droit, pour manger de la viande fraîche. J'ai l'impression qu'ils mangent tout ce qui bouge. Ils tuent même plus qu'ils ne peuvent avaler. Leur chef ne dit rien. Leur relation est trop tendue. L'autorité d'un Blanc, très jeune, représentant la hiérarchie dans une entreprise étrangère dirigée par des Blancs, est de plus en plus contestée. Les gars le testent, mettent à l'épreuve ses capacités physiques, sa connaissance des arbres, son sens de l'orientation. À son âge, se retrouver seul en forêt avec une telle compagnie demande une sacrée confiance.

Ce n'est pas sans conséquence cependant. Quand vient la fin de la semaine, le chef d'équipe et moi repartons à Bambidie. Nous marchons sur la piste empruntée quelques jours plus tôt, mais il a du mal à retrouver son chemin. La route me paraît plus longue qu'à l'aller. Très vite, nous errons dans la forêt, perdus. Il nous faudra plusieurs heures pour retrouver la route et les cinq jours passés ne m'ont pas vraiment fait progresser. Je suis toujours aussi maladroit et marche difficilement à travers la végétation. Sans parler de ces satanées fourmis qui tombent de nulle part, de partout, dans le cou, sur les bras et dont la morsure est si douloureuse. Je reçois plus de claques durant ces quelques heures que durant les quarante-deux années qui ont précédé. Et c'est moi qui me les distribue… Nous pourrions retourner vers les autres, leur demander de nous aider, mais, trop fier, le jeune chef s'y refuse. Nous sortons de la forêt à la tombée de la nuit. Sous la canopée, il fait sombre dès 16 h 30… Marcher en brousse dans l'obscurité n'est pas une expérience plaisante. La chaleur, l'humidité et la fatigue rendent la progression plus pénible encore. Ce n'est pas la première fois que je me perds en forêt tropicale. Lorsque j'avais senti venir en moi l'envie de la découvrir, pendant le reportage sur les tortues luths quelques années auparavant, j'avais demandé à un jeune Gabonais s'il pouvait me montrer des endroits où observer les éléphants. Ensemble nous sommes partis. Il a trouvé une piste que nous avons suivie, longtemps, sans jamais apercevoir le moindre pachyderme. Quand la nuit s'est annoncée, j'ai suggéré à mon guide de regagner la plage, ce que nous avons tenté selon sa méthode : suivre la piste des éléphants. Après plusieurs heures d'errance, j'ai décidé de prendre les choses en main et me suis fié au soleil. Nous sommes sortis de la forêt à l'heure bleue, face aux brumes marines embrasées comme un soir de Saint-Jean. En marchant sur le sable pour rejoindre notre camp, je me suis dit que, si je n'avais pas vu d'éléphant, j'avais au moins appris une chose : tous les Gabonais ne connaissent pas la forêt. Ils la redoutent et sont assez peu nombreux à s'y aventurer. Certains y chassent, car beaucoup apprécient la viande de brousse. Mais les bons guides sont rares.

* * *

Cela fait un peu plus de deux mois que je suis au Gabon à observer le travail des forestiers. J'ai tout ce qu'il faut pour mon article. Manquent quelques photos pour être certain de couvrir toutes les étapes de l'exploitation. J'irai photographier le chargement des grumes sur les bateaux dans le port de Libreville.

Un peu avant de quitter Bambidie, je pars avec L'Éléphant pour inspecter un chantier. C'est ce jour-là que j'aperçois au bord de la piste la femelle gorille avec son petit sur le dos. C'est ce jour-là que son regard vient s'inscrire en moi au plus profond. C'est ce jour-là que ma vie change. Je pense à ce vers de *La Légende des siècles* de Victor Hugo, souvenir lointain du collège qui surgit soudain comme un signal : « L'œil était dans la tombe et regardait Caïn. » Partout le regard de cette femelle gorille me suit et taraude ma mauvaise conscience. Les gorilles, nos quasi-frères, voient leur vie bouleversée par l'activité humaine. Après plusieurs semaines d'observation des forestiers, je dresse un constat alarmant : les animaux sont les grands oubliés de la procédure d'exploitation.

La flore (surtout les arbres) est préservée, car elle représente l'argent qui tombera dans la poche des forestiers d'ici quelques années. Les habitants sont eux aussi pris en compte. Pendant les deux ou trois années que dure l'exploitation d'une zone, la CFT finance les villages. Ces « cadeaux » permettent d'acheter la paix, de s'assurer un bon voisinage. Tout cela n'est pas vraiment durable cependant. L'Éléphant regrette de voir les villages réduits à l'assistanat, mais selon lui, sans la CFT, cette région ne jouirait d'aucune infrastructure et resterait totalement isolée. Ce serait peut-être une chance pour les animaux. Bien sûr, l'intervention des forestiers ne doit pas bouleverser la vie de ces derniers. Mais de ce que j'ai vu, je peux deviner le choix d'un coupeur entre abattre un arbre dont la qualité fera grimper sa prime et préserver un espace où vivent des gorilles, des fauves ou des colonies d'oiseaux. Les coupeurs n'ont pas d'état d'âme. Ils ont des familles à nourrir. La réponse de L'Éléphant lorsque je lui ai demandé qui s'occupait des gorilles, le jour où nous avons croisé cette femelle et son petit, s'impose alors comme une injonction :

« Tu n'as qu'à t'en occuper. »

L'idée fait son chemin. Je n'ai qu'à m'en occuper. C'est aussi simple que ça. L'appel de la forêt qui m'a mené ici est remplacé, je le sens bien, par l'appel du gorille. C'est lui qui me fera revenir.

Je retourne à Libreville en voiture. Dix heures de route, de terre pour l'essentiel. Avec les camions grumiers qui roulent à vive allure, chargés au maximum de leur capacité, parfois au-delà, et devant lesquels il vaut mieux s'écarter. Leur poids empêche tout freinage d'urgence. Les accidents sont fréquents. Ils n'ont d'ailleurs pas le droit de rouler la nuit. Trop dangereux. Sur la route, une idée tourne en boucle dans ma tête : revenir et œuvrer pour la protection des gorilles. Les derniers jours passés à Bambidie, je les ai consacrés à cette idée. J'ai parlé de ce projet à L'Éléphant qui m'a répondu que cela ne poserait aucun problème à condition que cela ne coûte rien à la compagnie. Ce qui veut dire pour lui que mon projet ne doit pas empêcher l'exploitation. Je peux m'amuser autant que je veux avec les gorilles tant que je n'empêche pas les bulldozers d'avancer.

Je repars avec des centaines de photos pour mon reportage et des souvenirs à jamais gravés dans ma mémoire. Celui du premier arbre que j'ai vu tomber sous les tronçonneuses, celui des ouvriers tuant sans état d'âme les animaux de la forêt, et celui bien sûr de cette femelle gorille et de son petit au bord de la route. Je repars avec la certitude de revenir bientôt pour convaincre que la faune de la forêt est une richesse, une opportunité économique pour le Gabon, que les gorilles, nos si proches cousins, ne représentent pas une contrainte, qu'autour d'eux et des autres animaux peuvent s'imaginer des projets d'écotourisme vertueux.

# Expédition II : Attrape-moi si tu peux

Bambidie, février-mai 2008

J'arrive à Libreville à la fin du mois de février 2008. Plus d'une année s'est écoulée depuis mon reportage. L'article est paru dans *Sciences et Avenir* en mars 2007. J'ai collaboré avec Rachel Mulot, une journaliste de la rédaction. Sur la page suivante était publiée une interview du botaniste Francis Hallé qui contrebalançait le discours des forestiers, ce qui a contrarié les dirigeants de la CFT. Ils me l'ont signifié. Une façon de me rappeler que j'étais là parce qu'ils le voulaient bien et qu'ils pouvaient à tout moment mettre un terme à ma présence sur leur concession. Cette première mission d'observation des gorilles dans une forêt exploitée dépend de leur seule bonne volonté. Je ne dois pas l'oublier. Nous avons trois mois pour la mener à bien, et pour cela, je suis accompagné d'un chercheur, spécialiste des gorilles, Alex Barroso Pujol. Il repartira en Espagne à la fin du deuxième mois. Je serai seul pour terminer. Sans sa caution scientifique, jamais je n'aurais pu financer ce projet.

Monter cette expédition m'a pris un an. Certes, j'avais été bouleversé par ma rencontre avec les gorilles et mon enthousiasme s'entendait dès que j'en parlais, mais cela ne pouvait suffire à convaincre ceux susceptibles de financer l'observation que je voulais mener. Depuis mon reportage en 2006, la CFT avait été rachetée par une holding suisse. Je suis donc allé à Zurich rencontrer les nouveaux propriétaires. Mon projet les intéressait. Ils étaient sur le point d'obtenir la prestigieuse certification FSC (Forest Stewardship Council) après huit années d'efforts, d'audits, d'ajustements des pratiques. Recenser les gorilles et cartographier leur présence sur la concession, même partiellement, ne pouvait qu'être bénéfique à leur démarche, à leur image aussi. Ce serait en effet la première fois qu'une telle observation à visée scientifique serait menée dans une exploitation forestière privée et durable. N'importe quel responsable de communication aurait sauté sur l'occasion. Mes nouveaux interlocuteurs suisses étaient donc prêts à m'aider, pour l'accès à la concession d'abord (pas moyen d'obtenir un visa sans une invitation officielle de la CFT), pour le financement ensuite, à une seule condition toutefois : que je sois accompagné par un scientifique. L'autodidacte que j'étais ne les rassurait pas totalement, il faut le croire...

Le jardin des plantes où se situe le Muséum d'histoire naturelle avait nourri mon imaginaire durant l'enfance. Visiter les grandes serres tropicales et la ménagerie avait probablement influencé mes rêves d'ailleurs. Jules Verne me venait à l'esprit dès que je franchissais les grilles de ce parc. Je me suis donc adressé à celui-ci en premier. Sans succès. Idem du côté de l'université de Rennes et de l'université libre de Bruxelles. Toujours les mêmes écueils, administratifs et financiers. Je déchantais. Je pensais que mon expérience de terrain, de la jungle, des forestiers allait suffire à convaincre, je découvrais qu'il n'était pas si simple d'embarquer les grandes institutions dans mon aventure. S'ajoutait à cela le manque de disponibilité des primatologues, déjà mobilisés pour la plupart sur d'autres projets. Au mieux, le Muséum pouvait dépêcher un spécialiste des macaques…

Mon affaire s'enlisait, car sans collaboration scientifique je ne pouvais obtenir de financement de la holding suisse. C'est finalement à Barcelone que j'ai trouvé une ouverture. J'avais visionné un documentaire du *National Geographic* sur le travail de la primatologue espagnole Magdalena Bermejo. Elle avait étudié les gorilles au Congo et pouvait être intéressée par mon projet. J'ai trouvé ses coordonnées sur le site internet de l'université pour laquelle elle travaillait et lui ai envoyé un message pour le lui présenter. Elle m'a répondu, m'a tout de suite mis en relation avec Alex Barroso Pujol, jeune primatologue qui préparait son doctorat à ses côtés. Sans tarder, je suis allé le rencontrer.

Alex est venu m'accueillir à l'aéroport, à moto, une vieille BMW verte (je possède le même modèle en blanc), et il m'a ramené chez lui. Au téléphone, avant mon départ, je lui avais demandé s'il pouvait me recommander un hôtel. « Viens plutôt dormir à la maison », m'avait-il dit. Il habitait dans un appartement en colocation avec deux autres couples. Lui était célibataire. J'ai dormi sur un matelas à même le sol dans un coin de l'appartement. Cette simplicité m'a rassuré. Pas de chichi, comme si j'étais un copain de longue date. « Je veux travailler avec lui », me suis-je dit en m'endormant.

Le lendemain, j'ai rencontré le Dr José Domingo Rodríguez qui dirige le département de biologie animale à l'université. Contrairement à mes expériences précédentes, je me suis senti traité sur un pied d'égalité. Les scientifiques barcelonais ne m'excluaient pas des discussions comme j'avais pu en avoir l'impression jusque-là, et mon travail sur le terrain était pris en considération. Très vite, nous sommes tombés d'accord. J'allais travailler avec le groupe de recherche du comportement animal pour une mission de prospection préliminaire. Seul problème : l'université n'avait aucun crédit à consacrer à cette mission imprévue. Même le salaire d'Alex devait être pris en charge. Tout l'argent que m'accorderaient les Suisses serait donc englouti. Qu'importe. Seule comptait à mes yeux la réalisation de ce rêve.

Est-ce la perspective de le voir prendre forme qui me fait éprouver une certaine tristesse ou la crainte que les gorilles aperçus lors de mon précédent séjour ne soient pas au rendez-vous ? Bien vite ce sentiment s'efface. Il faut se mettre au travail et préparer notre incursion dans la jungle. Alex n'a travaillé que deux mois en forêt avec Magdalena Bermejo, mais il faisait partie de l'équipe qui a révélé l'épidémie d'Ebola qui a frappé la population des gorilles du Congo. Il aura beaucoup à m'apprendre, je pense.

Nous avons rallié Bambidie. J'y ai retrouvé certains employés que je connaissais, mais la plupart sont nouveaux. L'Éléphant, qui m'avait accueilli la première fois, est toujours là. Avec son bras droit, nous étudions les cartes afin de définir une première zone à explorer. Le forestier nous assure qu'il y a beaucoup de gorilles dans la région. Alex, qui, comme tous les scientifiques, n'a travaillé que dans des zones protégées ou des parcs nationaux, doute de la possibilité d'en rencontrer dans une forêt exploitée par l'homme. Pour ma part, je suis certain d'une chose : je suis en train de vivre une expérience qui va changer ma vie. Un sentiment diffus, presque insaisissable.

Après avoir acheté des vivres et équipé les deux guides recrutés, nous partons en forêt, cinq jours après notre atterrissage. Un employé de la CFT nous conduit dans la zone que nous souhaitons explorer, près de la rivière Lelama. Nous installons notre camp près d'une piste, ouverte pour l'exploitation, achevée à présent. La forêt, ici, est rendue à la nature pour les vingt-cinq années à venir. À proximité coule une rivière pour l'approvisionnement en eau. Les mouches, les abeilles et toutes sortes d'insectes nous accueillent. La réalité de la forêt tropicale vient percuter mon imaginaire de petit Parisien. S'adapter à ces conditions de vie difficiles, à la chaleur, à l'humidité, demande quelques jours. Nous déployons la bâche sous laquelle nous dormirons à l'abri de la pluie. L'installation du camp nous prend une bonne partie de la journée. Il est ensuite trop tard pour nous aventurer plus loin. La nuit tombe tôt sous la canopée.

La nuit est étouffante et nous avons du mal à nous endormir. Alex est dans le même état que moi, en transit vers le monde de la forêt. L'obscurité tropicale est remplie de toutes sortes de bruits. Demain le travail commence. J'ignore si nos deux guides, Jonas et Jérémy, sont compétents. Ils affirment tout connaître de la forêt, qu'il est facile de trouver des gorilles. Je pense qu'ils en rajoutent.

Un orage éclate durant la nuit. Nous sommes en pleine saison des pluies. Il pleut encore quand nous nous réveillons. Près du campement, il y a un arbre, un adouma, nous dit l'un des deux guides. Alex et moi sommes bien incapables de nommer la végétation autour de nous et nous le croyons sur parole. Au pied de l'arbre, les restes de ses fruits amers qui ressemblent à de grosses oranges. Ils ont été mangés par de grands singes. Si la pluie s'arrête, nous suivrons la piste à côté du campement pour trouver d'éventuelles traces de pas.

Le ciel se dégage enfin vers midi et, après un déjeuner fait de sardines en boîte et d'oseille sauvage ramassée et préparée par Jonas, nous nous lançons enfin sur la piste des gorilles. Il ne nous faut pas plus de trente minutes pour trouver les premières traces, celles d'un gros mâle solitaire qui s'est arrêté pour manger du gingembre sauvage et des marantacées, plantes dont les gorilles raffolent. Notre mâle solitaire les a délicatement grignotées au bord de la piste. Je suis comme un gamin gagné par l'excitation dans une chasse au trésor. Nous sommes là depuis peu quand nous apercevons un mouvement dans les feuillages. Nous croyons qu'il s'agit d'une antilope, mais Jérémy nous détrompe. Le sol vibre soudain sous le poids du mâle solitaire qui prend la fuite. Il nous avait repérés de loin sans doute et nous observait depuis le couvert de la forêt. Cette méfiance nous laisse penser que des braconniers opèrent dans la zone. Nous marchons encore trois heures, en vain. Retour au camp.

Les jours suivants ne sont pas plus fructueux. Nous nous mettons en marche très tôt, vers 6 heures, sillonnons la forêt sans succès. Les doutes d'Alex semblent se confirmer et mon enthousiasme en prend un coup. Mon camarade espagnol pense que cette zone est trop morcelée, constituée d'écosystèmes trop différents pour le gorille qui préfère une forêt continue avec beaucoup de marantacées pour se nourrir. Nous marchons des journées entières sans trouver la moindre trace. J'en profite pour apprendre auprès d'Alex. Il me montre comment me servir d'une carte, ce qui n'est pas si simple en forêt. Mais nous sommes dans une zone qui a été exploitée et cartographiée. Je perfectionne aussi mon utilisation de la boussole et du GPS. Alex m'explique également comment approcher un gorille : « Quand tu le croises, le gorille a trois attitudes : la fuite, la curiosité (plutôt les femelles et les jeunes) et l'intimidation (le dos argenté). Pour la fuite, il n'y a rien à faire, mais s'il y a un contact, il faut s'arrêter, les laisser venir ou partir et revenir le lendemain pour suivre leurs traces jusqu'au prochain contact, et ainsi de suite jusqu'à l'habituation. » Pour l'instant, la situation ne se présente pas. J'ai le sentiment que nos guides ne sont pas très bons. L'un a failli mettre le feu à la savane en jetant un mégot de cigarette tandis que l'autre s'est mis à courir après un varan, machette à la main, pour en faire notre dîner. Comment approcher les gorilles accompagnés de deux gusses pareils… Ces longues marches nous servent au moins de test physique et je suis satisfait de constater notre assez bonne résistance.

Le quatrième jour, nous changeons de direction et partons à l'opposé des excursions précédentes, sur la piste forestière. Une demi-heure plus tard, Jérémy trouve des herbes soigneusement mâchées et du gingembre sauvage décortiqué. Un petit groupe de gorilles se trouvait là quelques heures plus tôt. En suivant leurs « épluchures », Alex découvre une crotte. Un espoir. Nous jubilons. Il fait un prélèvement. D'autres suivront. Après analyses génétiques, ils permettront d'établir les liens de parenté entre les différents groupes de gorilles qui se trouvent dans le coin. Ils seront aussi comparés avec ceux effectués au Congo avec Magdalena Bermejo. Il s'agit seulement d'un peu de crotte dans une boîte en plastique, mais elle vient inscrire l'expédition que j'ai organisée dans la continuité des missions scientifiques menées par la célèbre primatologue espagnole. J'en éprouve une certaine fierté, je dois l'admettre. Nous suivons la piste du groupe de gorilles, mais Jérémy la perd rapidement ce qui vient confirmer mes impressions. Un vrai pisteur aurait trouvé les primates.

Nous attendons pendant deux heures. En vain. Et la pluie nous oblige à rentrer au camp. Je suis déçu. De toute façon, les gorilles ne se déplacent pas quand il pleut, me dit Alex. L'humidité est si importante que le caméscope ne fonctionne plus. Trop de condensation. Il me faudrait aussi des bottes, car nous traversons souvent des cours d'eau et mes chaussures de marche ne sont pas adaptées. J'ai les pieds mouillés en permanence. La zone où nous sommes est difficile. Il faut traverser des rivières en marchant sur des troncs d'arbre. J'en ai des frayeurs.

Le dernier jour de cette première semaine d'exploration, nous partons à trois seulement : Alex, Jonas et moi. Jérémy reste au camp pour le surveiller. Nous avons trouvé deux camps de braconniers à quelques centaines de mètres du nôtre. Jérémy prétend avoir entendu des coups de fusil. Il nous dit que ces hommes-là sont dangereux. Je doute de son histoire, car nous aurions dû les entendre nous aussi. Je le soupçonne de vouloir nous pousser à écourter cette première semaine. Devant sa mauvaise volonté et son manque d'implication, je décide de le laisser au camp. Ce n'est pas facile de l'y obliger. Notre échange est vif.

Les premières heures de marche sont monotones. Nous avançons dans une forêt clairsemée qui porte les stigmates de la dernière campagne de coupe. Nous trouvons enfin une zone où la végétation est basse avec beaucoup de marantacées. Alex identifie un périmètre d'une dizaine de mètres carrés où des gorilles sont venus se nourrir récemment. Nous poursuivons notre chemin. Jonas nous montre un vieux nid de chimpanzés tout en haut d'un arbre. J'ai bien fait de le choisir pour nous guider. Jérémy serait sans doute passé sans le repérer. Alex décide d'aller le voir de plus près. Au pied de l'arbre, il trouve trois nids de gorilles frais de la nuit précédente. Les gorilles changent de place et en construisent de nouveaux chaque soir. Leur routine est simple : ils se réveillent avec le soleil, mangent en se déplaçant jusqu'à la mi-journée, se reposent et jouent jusqu'à ce que le jour commence à décliner. Ils cherchent alors un endroit pour installer leurs nids. Ils les construisent à terre, mais les surélèvent à quarante centimètres du sol pour laisser couler la pluie et se protéger des insectes. Pour cela, ils utilisent des branchages qu'ils recouvrent ensuite de feuilles fraîchement ramassées. Les nids sont positionnés de manière que le grand mâle garde un œil sur tout le groupe. Des poils blancs nous indiquent celui du dos argenté.

Au retour, nous nous égarons à cause des rivières qui serpentent en épingle à cheveux à travers la jungle. On croit en traverser plusieurs alors que c'est toujours la même. J'aime bien Jonas. Il a bon caractère et beaucoup d'humour contrairement à Jérémy. Mais comme pisteur, il est mauvais. Il a fini par nous raconter qu'il lui était arrivé de se perdre à quelques mètres de son village. Il était jeune alors, ajoute-t-il, mais cela ne nous rassure guère.

Notre semaine s'achève ainsi. Hormis le gorille qui s'est enfui le premier jour, que nous avons deviné sans le voir, nous avons fait chou blanc. J'espère que notre deuxième semaine sera meilleure. Nous retournons demain à Bambidie pour un dimanche de repos et pour renouveler notre ravitaillement. J'espère aussi renouveler nos guides, je dois l'avouer.

* * *

Pour la deuxième semaine d'exploration, nous avons choisi un autre secteur, près de la rivière Sébé. Jonas et Jérémy sont toujours avec nous. Il n'est pas si facile de trouver des guides compétents. Le point positif est que nous avons notre propre 4x4 désormais, acheté grâce au financement des Suisses. Avoir un véhicule va nous permettre de rayonner plus largement depuis notre camp. Je conduis, avec appréhension. La présence des grumiers sur les pistes n'est pas rassurante. Ils sont prioritaires, car ils ne peuvent ni freiner, ni éviter les obstacles à cause de leurs lourdes charges. Ces bolides de cinquante tonnes ne s'arrêtent pas comme une Fiat 500.

En chemin, j'échange avec Alex sur les moyens de trouver des financements pour réaliser des missions comme celles-ci. Je me projette déjà dans l'avenir et je sais que je ne pourrai pas poursuivre sans argent. Alex a passé une année au Congo sans communication ni confort. Il est le premier à avoir observé un gorille mort du virus Ebola. Avec le Dr Domingo Rodríguez, son directeur, il a publié un article à ce sujet dans *Science*. Malgré cela, il n'a pas trouvé de financement pour ses recherches et enseigne la biologie à l'université en essayant de boucler son doctorat. Je comprends qu'il ne sera pas facile, pour moi, l'autodidacte, de trouver des fonds.

Le lendemain de notre arrivée dans la zone de la rivière Sébé, nous partons très tôt en quête des gorilles. Il est 6 heures lorsque nous arrêtons la voiture. Après vingt minutes de marche, nous trouvons les empreintes d'un grand mâle, imprimées sur la latérite. C'est un bon début, mais je n'ose m'emballer. La semaine précédente aussi nous avons bien commencé, et puis après…

Jérémy est le premier à entendre les cris d'un groupe de gorilles. Nous décidons de nous diriger vers eux. Devant nous, à une centaine de mètres, j'aperçois des branches bouger, puis un dos argenté qui traverse tranquillement une piste d'éléphants. Il disparaît, une femelle le suit de près et s'arrête quelques secondes pour nous regarder, avant de repartir. Il est tôt et il fait encore très sombre. La lumière n'est vraiment bonne qu'à partir de 8 heures. Je prends tout de même deux photos, mauvaises. D'après Alex, l'attitude du dos argenté est encourageante. Il a laissé la femelle s'arrêter pour nous observer sans manifester d'agressivité.

Les jours se suivent et se ressemblent… J'espère retrouver les gorilles que nous avons aperçus et réaliser de bonnes photos, enfin. Mais nous marchons de longues heures sans jamais les croiser. Parfois nous parviennent des cris, mais sans rien voir, nous ne pouvons être sûrs que ce sont eux. Les chimpanzés poussent parfois des cris proches des leurs. Trouver des nids serait déjà un bon signe, d'après Alex. C'est indispensable pour dénombrer la population des gorilles. Plusieurs fois, nous en trouvons. C'est toujours une forte émotion, le sentiment de s'approcher d'eux. Treize nids dans les marantacées, au bord de la piste. Alex dit que c'est la première fois que l'on en observe au bord d'une piste forestière. J'ai le sentiment d'avoir engagé une démarche importante. Jusqu'à présent, les observations de gorilles ont été menées dans des parcs nationaux, des zones protégées, des sanctuaires. Et je me prends à espérer des découvertes qui feront date dans l'histoire de l'étude des grands primates. Grâce aux poils blancs trouvés dans un nid, Alex affirme que le dos argenté s'est installé au plus près de la piste pour surveiller à la fois le groupe et ce qui pouvait venir sur la route. Mon intuition se confirme. Les gorilles adaptent leur comportement à la présence humaine. La semaine dernière, nous sommes passés en voiture sur cette route, peu de temps avant qu'ils ne s'installent ici pour dormir. Ils sont habitués désormais à ce type de perturbation. Mais nous ne sommes pas au bout de nos surprises.

Notre deuxième semaine d'exploration touche à sa fin. Nous explorons une zone située entre la route principale où circulent les grumiers et la piste qui dessert notre camp. Nous découvrons quatre nids à quatre cents mètres de la route principale. Ici encore, le bruit des camions ne semble pas déranger les gorilles. Mais quelques minutes plus tard, notre surprise est bien plus grande : à sept cents mètres de la route cette fois, nous en trouvons vingt-deux ! Un record selon Alex, convaincu à présent, lui si sceptique au début, que les gorilles sont très nombreux dans cette zone. Les nids datent de plusieurs semaines, même si, selon Alex, il est très difficile de les dater avec précision, car leur conservation dépend des conditions météo. Seules les couches fraîches sont faciles à dater. En moi, je ne peux m'empêcher de regretter l'absence des primates. Autant de nids, et pas un seul gorille en vue. Je ne suis pas un scientifique. Leurs traces ne peuvent me satisfaire à elles seules. J'ai envie de les voir, de les observer en train de vivre dans leur milieu, de les photographier.

Le dernier jour arrive. Nous partons en forêt, mais l'équipe n'est pas très motivée, même Alex n'a pas pris son matériel… À dix mètres devant nous, les marantacées se mettent à bouger. Un gorille solitaire s'enfuit à notre approche. Nous sommes arrivés sans précaution, comme des touristes en goguette. Nous découvrons son nid encore chaud. Une belle photo m'a échappé encore une fois. Le manque d'expérience de nos pisteurs est de plus en plus flagrant. Alex devine ma frustration et tente de me rassurer. Il trouve les résultats des dix jours passés très prometteurs. Il a raison. J'ai compté : nous avons trouvé 61 nids. Toujours est-il que ne pas voir les gorilles me frustre…

Mars avance et ce sont les abeilles qui attaquent. C'est la saison, me dit-on. Au point de gâcher une semaine entière de travail. Elles sont partout, s'immiscent dans le nez, les oreilles, s'invitent dans les assiettes. Pas moyen d'être tranquille, ni de se concentrer.

Nous trouvons des nids, encore, entendons le cloc-cloc d'un jeune gorille qui se frappe la poitrine, mais nous n'en voyons aucun. J'ai fait tomber mon matériel, ce qui m'oblige à repartir à Bambidie afin de le réparer (une journée de perdue), et les relations entre Alex et nos pisteurs sont tendues. À tel point qu'Alex ne veut plus manger ce que les guides préparent. Il préfère cuisiner dans son coin. Il me dit qu'il craint d'être empoisonné. Je me demande quelle expérience il a vécue. Rien ne va plus. Alex repartira dans cinq semaines. C'est loin, et c'est si peu de temps au vu des faibles résultats obtenus jusque-là.

Fallait-il cette semaine noire pour qu'enfin la forêt nous offre ce que nous cherchons ? Mars touche à sa fin et j'entre enfin en contact avec les gorilles. Après un mois d'exploration… Nous marchons depuis une heure, quand un jeune traverse la piste devant nous. Nous poursuivons notre chemin jusqu'à un arbre fruitier qui se met à trembler. J'aperçois entre deux branches une première tête qui nous regarde, puis une deuxième, et une troisième ! Nous sommes à trente mètres de l'arbre et je veux me rapprocher, mais Alex me fait signe de ne plus bouger. Nous nous asseyons par terre et, pendant une heure, nous assistons au spectacle du « petit déjeuner » des primates. Notre attitude doit leur inspirer confiance. Peu à peu, les gorilles se regroupent. Ils sont six. Le mâle dominant reste invisible. Il nous surveille sans doute à travers les feuillages, laisse le groupe « jouer » avec nous durant une demi-heure.

Ils sont là. Pas de doute. Comment se fait-il que nous ne les rencontrions pas plus souvent ? J'ai mon idée. L'ambiance dans l'équipe n'est pas bonne à tel point que j'écourte parfois les journées. Impossible de travailler dans cette atmosphère. Sans compter que nous sommes en pleine saison des pluies. Elles nous obligent chaque fois à rester au camp. Impossible de travailler en forêt quand il pleut. Il fait presque nuit et le crépitement des gouttes sur les feuilles couvre tous les autres sons. Lorsque la pluie s'arrête enfin, il faut attendre encore. Sous la canopée, l'eau ruisselle longtemps après l'averse, goutte de feuille en feuille. Ce bruit empêche de repérer les gorilles. Pis encore, il empêche de percevoir les dangers. Nous pourrions, par exemple, nous trouver nez à nez avec des éléphants qui malgré leur taille avancent presque sans bruit. Personne n'a envie de se confronter à une femelle et son petit. Les éléphantes sont très dangereuses lorsqu'elles perçoivent un danger. Elles chargent. Que faire alors face à un animal de quatre tonnes ?

Il m'arrive de laisser mes trois compagnons au campement, de partir marcher sur la piste en fin de journée, pour échapper aux tensions inévitables de la vie en commun, pour me retrouver seul enfin. Chaque fois, je me rends compte que je perçois mieux la forêt et ses occupants quand je suis seul. J'entends des bruits incroyables, que la compagnie des autres m'empêche de percevoir. Trois chimpanzés m'observent durant quelques minutes. Des touracos, oiseaux au plumage vert et violet sur les ailes et la queue, des calaos à casque noir, des aigles… D'arbre en arbre, je vois se balancer un cercopithèque à queue de soleil. Quelle chance ! C'est un animal endémique de cette région du Gabon, difficile à observer dans son milieu naturel. Songez qu'il n'a été découvert qu'en 1984 !

Je savoure cet instant. Je n'ai même pas le réflexe de le photographier. L'image est pour moi seul, fixée dans mon souvenir.

Pour les dernières semaines avec Alex, je recrute un nouveau guide, Gaëtan. Poursuivre avec les deux pisteurs que nous avions jusque-là n'était plus possible.

Nous explorons la forêt depuis plusieurs jours, sans grand résultat, quand des craquements nous parviennent. La brume matinale rend la visibilité difficile. Nous restons sur nos gardes. Cela peut être aussi bien un gorille qu'un éléphant... Soudain, à quelque vingt ou trente mètres, surgit une tête énorme. C'est un dos argenté. Il me fixe, se met à rugir en fonçant à travers les arbres, manière de nous prévenir que nous empiétons sur son territoire. Je n'en mène pas large. Alex me dit de me baisser, mais Gaëtan prend la fuite. Alex le rattrape *in extremis* par le col et l'oblige à rester accroupi. Gaëtan se blottit contre lui, s'agrippe comme un enfant effrayé. Nous attendons, pétrifiés, que le groupe s'éloigne. Face à une telle manifestation de force, l'attitude de soumission est la seule issue possible.

Gaëtan finit par nous avouer sa peur des gorilles. Durant une partie de chasse, il a tiré sur une femelle et le grand mâle l'a bousculé. Gaëtan s'en est sorti avec quelques égratignures et la frayeur de sa vie.

Je comprends mieux son attitude, tout à l'heure. Les récits de confrontations avec les gorilles qui ont mal tourné circulent dans les villages et il n'est pas rare de croiser un boiteux ou un estropié qui, en prenant la fuite, a scellé son sort. Se relever presque indemne comme lui est un miracle. Gaëtan le sait. Son discours sur les primates s'en ressent ; il les qualifie de mauvais et de dangereux. J'espère le faire évoluer. Trouver un bon guide se révèle une affaire compliquée.

Les forestiers aussi m'ont raconté des histoires de mauvaises rencontres lors de mon reportage. L'une d'elles concernait une équipe d'inventaire. En avançant alignés dans la forêt, les hommes avaient séparé un dos argenté de son groupe provoquant sa colère. Acculée, la bête avait fini par se cacher. Les hommes avaient continué d'avancer. Le premier qui était passé à portée de main du grand mâle avait été soulevé comme un fétu de paille. Le type qui m'a raconté cette histoire disait que le primate avait arraché la rotule de sa victime avec les dents avant de le jeter au sol et de prendre la fuite. Était-ce une exagération ? Probablement. Le gorille a une telle force qu'il lui suffit de fermer la main pour provoquer une grave blessure. Mais ceux qui rapportent ces récits aiment en rajouter. Une autre fois, c'était un employé qui cultivait des légumes non loin de son village. Il prenait toujours son fusil avec lui. Un gorille l'avait chargé et il avait tiré, ne blessant que légèrement l'animal qui, arrivé devant lui, aurait plié le fusil en deux, comme dans un dessin animé… Attrapant l'homme au niveau de la taille, il lui aurait alors arraché ses vêtements et une bonne partie de la peau des cuisses. Effrayant, mais tout à fait possible.

Gaëtan se révèle cependant efficace pour repérer les gorilles. Il est capable de les sentir. Un jour, alors que nous roulons en voiture sur une piste, Gaëtan renifle leur présence à proximité. Je regarde, ne vois rien, mais stoppe le 4x4 au bord de la piste. Aux aguets, nous discernons après quelques minutes un mouvement dans la végétation. Assis sur le bas-côté, nous espérons la traversée des gorilles. Un groupe est séparé en deux, de chaque côté de la route. D'un cri, un dos argenté nous met en garde. Un peu plus loin, un autre mâle et une femelle traversent rapidement le chemin. Le groupe est réuni.

Gaëtan n'écoute pas les conseils d'Alex et veut toujours s'approcher malgré les mises en garde du mâle dominant. C'est une attitude de chasseur qui cherche à surprendre l'animal pour le tuer, pas à se faire accepter pour l'observer. Malgré cela, c'est un bon guide, mais il me faudra le tenir quand je serai seul avec lui le mois prochain.

Depuis cinq semaines que nous sommes en forêt, les traces de gorilles que nous trouvons (empreintes, reliefs de repas, crottes…) se situent toujours à proximité des pistes et des chemins de débardage.

Même les gorilles que nous avons rencontrés étaient près des axes de circulation. Comme il y a plus de lumière, les marantacées y sont nombreuses et les attirent.

Nous les apercevons de temps en temps, brièvement le plus souvent. Un mâle solitaire traverse la piste, une femelle en partie cachée par les feuillages mange les fruits d'un *Dialium*. Avec mon appareil photo, je parviens parfois à les saisir, à faire le zoom sur eux, au point d'avoir l'impression de pouvoir les toucher. Je suis en train de photographier un dos argenté qui se délecte de petits fruits rouges. Il est perché dans un arbre à trente mètres de haut au moins. J'ajuste mon objectif et je réalise qu'il me fixe. Son regard est si intense que je suis saisi par l'envie de fuir. Il descend de l'arbre. Gaëtan prend peur. Alex le rassure. Nous sommes loin et le gorille n'attaque pas sans raison.

Le plus souvent, nous devons nous contenter de leurs traces. Observer, c'est souvent ne rien voir. Alex a beau me répéter que ne rien voir reste une donnée scientifique exploitable, c'est une déception pour moi photographe. Quand je relis les carnets sur lesquels je prends des notes chaque soir, ceux qui retracent ces semaines portent les mots de notre échec : « pas d'événements particuliers », « toujours aucun gorille », « rien, pas de trace, ni aucun signe de vie des gorilles »… J'ai l'impression que nous avons toujours un temps de retard sur eux. Il nous est arrivé une fois de trouver les restes du repas d'un solitaire à quelques mètres de l'endroit où nous avions déjeuné. Le primate venait de partir, sans doute à notre approche, mais il s'était arrêté en même temps que nous, et si près que c'est à croire qu'il voulait nous narguer...

Je continue d'apprendre la brousse cependant. L'expérience d'Alex est précieuse. Si je sais maintenant comment me comporter face aux gorilles, c'est grâce à lui, pas aux guides. Ce sont des chasseurs, qui, de plus, ont été éduqués dans des croyances et dans la peur du gorille. Ils sont moins émus que moi lorsque nous découvrons les restes d'un éléphant braconné pour son ivoire. Le responsable de l'exploitation de la CFT m'a dit que les braconnages avaient augmenté ces derniers mois. Lui-même avait trouvé un piège sur la concession de la société et soupçonnait des complicités internes. Le piège consistait en une sorte de collet fabriqué avec un câble d'acier. Une fois la patte coincée dedans, l'éléphant est immobilisé. Le braconnier n'a plus qu'à lui tirer une balle dans la tête et à prélever l'ivoire. Voir un animal si majestueux abattu pour que ses défenses terminent en décoration dans la maison d'un notable gabonais ou d'un riche Chinois me déprime, pourrait me faire perdre foi en l'humanité. Je préférerais m'endormir chaque soir avec la plainte du daman, un petit mammifère herbivore qui vit dans les arbres, mais cherche sa nourriture au sol pendant la nuit. Son cri est terrifiant. Au début, il fait penser aux grincements d'une vieille porte aux gonds rouillés, mais à la fin, il évoque les pleurs d'un enfant voire les hurlements de quelqu'un qu'on égorge. Cela peut durer des heures. Quand bien même, je veux bien sacrifier mon sommeil pour ne plus voir de cadavres d'éléphants braconnés.

Alex est parti. Seul en forêt avec Gaëtan dans la zone de N'Dambi, entre Lastoursville et Okondja. Nous suivons une piste de débardage. Mon guide découvre des marantacées qu'un gorille a mangées (bien vu !), il y a deux jours, me dit-il. Quelques secondes plus tard, le gorille que nous avons dérangé en plein repas s'enfuit dans la forêt (bien vu…). Gaëtan n'est vraiment pas bon pisteur. Il a du mal à retrouver les coupes de sa machette, chose indispensable pour rebrousser chemin, et se perd parfois. Heureusement, il est meilleur cuisinier. Ce soir-là, il a préparé des atangas, un fruit qui fait penser à l'avocat, mais qu'il faut faire bouillir. Avec un peu de sel, c'est délicieux.

J'aimerais pouvoir discuter avec mon guide des zones à explorer, mais je ne parviens pas à savoir s'il a enfin surmonté sa peur des gorilles. Comment savoir s'il ne va pas chercher à nous en éloigner ? Vu sa manière de progresser dans la forêt, la question se pose… Il est si bruyant que les animaux doivent l'entendre arriver de loin. J'ai fini par lui imposer le sécateur au lieu de la machette. Nous avançons lentement, mais sans bruit, et sans risque de nous blesser. En forêt tropicale, il faut réfléchir à tout ce que l'on fait. Les gestes anodins que l'on peut accomplir en France peuvent entraîner des conséquences désastreuses ici. C'est la raison pour laquelle je préfère ne pas utiliser de machette. Je suis maladroit et, en forêt, une simple coupure peut vite dégénérer. La blessure, bénigne au départ, peut empirer, nécessiter des soins plus sérieux qu'un simple antiseptique et un pansement. Il faudrait alors mettre un terme à la mission, trouver le médecin le plus proche. Le désert médical est un euphémisme en brousse. La progression est lente et l'infection rapide. J'ai donc opté pour un sécateur, le même que vous utilisez pour tailler vos rosiers si vous jardinez. Je ne pousse pas la prudence jusqu'à porter des gants de jardinage, mais déjà le risque d'amputation est moindre. Nous n'avons recours à la machette qu'en cas de progression difficile, lorsque les feuillages sont trop denses ou qu'un arbre est tombé sur notre chemin.

Mai avance et la fin de la mission approche. Toujours peu de gorilles. Je commence à remettre en question la théorie des pistes de débardage favorables à leur rencontre. Soudain, un cloc-cloc, mais nous ne trouvons que des empreintes fraîches dans la latérite. Un bon pisteur aurait été capable de suivre ce groupe. Ils ne sont pourtant pas loin.

Je peux les entendre derrière les épais feuillages. Je devrai me contenter de cela aujourd'hui.

Le lendemain, une nouvelle piste qui ne donne rien sinon des marantacées et des nids dont je prends quelques photos. Tandis que je suis concentré sur mes clichés, Gaëtan me signale des bruits de l'autre côté de la route. Des gorilles. Je lui dis de s'asseoir et d'attendre. Entrer dans la forêt sans visibilité provoquerait une charge du dos argenté. Le groupe fuirait ensuite. Un des primates nous repère et crie fortement, fait mine de s'enfuir. Quelques minutes plus tard, le groupe revient vers nous, toujours caché derrière la végétation au bord de la piste. Nous apercevons brièvement la tête d'un jeune qui nous observe derrière les arbres, puis se tape la poitrine pour nous impressionner. Un camion grumier passe à vive allure entre nous et les gorilles en levant derrière lui un épais nuage de poussière. Cette situation me rappelle ma première rencontre, avec cette femelle et son petit que le passage de notre voiture avait recouvert de poussière elle aussi, son regard qui m'avait bouleversé. Aujourd'hui, c'est moi qui me retrouve dans cette position… Nous attendons quelques minutes que le calme revienne, pensant que le groupe a fui, mais les gorilles sont toujours là. Le grand mâle, très patient déjà, sonne la fin de la récréation d'un grognement viril… La scène a duré quarante-cinq minutes. Je n'ai pas fait de photos, mais quelle expérience inestimable !

Et j'ai réussi à contenir Gaëtan qui, sur le chemin du retour, m'a expliqué que seuls les pisteurs capables de se transformer en gorille peuvent les suivre en forêt...

Pour ma dernière semaine, je décide d'explorer l'ancienne piste de Lifouta, à cinquante kilomètres au sud de Bambidie. Le camp installé, je pars faire un tour. Juste après un virage, je tombe nez à nez avec une dizaine de buffles qui broutent tranquillement l'herbe sur les côtés de la piste. Il y a des gros mâles, des femelles et leurs petits, tous me dévisagent pendant quelques secondes, puis rentrent dans la forêt. Si seulement une famille de gorilles pouvait me faire la même surprise...

Un orage éclate et nous oblige à nous coucher tôt. Tandis que la pluie tombe sur nos tentes, Gaëtan m'appelle :

« Monsieur Max ! Monsieur Max ! Vous entendez ?

— Non...

— Si, là ! »

Je tends l'oreille et perçois une sorte de grommellement sourd, comme une voix. Lorsque le bruit de la pluie se mêle à celui de la forêt, l'imagination s'impose. Gaëtan paraît inquiet, je le rassure, même si une peur d'enfant me gagne. C'est dans ces moments-là que l'on comprend toutes les légendes et histoires fantastiques que racontent les Gabonais. Pour me rassurer, j'imagine une famille de gorilles dans la même situation que nous. Je m'endors sans avoir identifié ce mystérieux grommellement.

La piste que nous explorons le lendemain est envahie par une végétation dense. Nous progressons doucement, en nous frayant un chemin avec nos sécateurs. Soudain, un fracas de branches cassées, un boucan comme celui que font les éléphants. Nous stoppons net. Les feuillages nous empêchent de voir s'il s'agit d'une femelle avec son petit. Dans ce cas, la rencontre serait dangereuse. Une femelle en compagnie de son petit attaque toujours... Nous décidons de faire du bruit en coupant des arbustes avec nos machettes, espérant faire fuir l'éléphant. Ça marche !

Nous rentrons au camp où nous accueillent des centaines, des milliers d'abeilles, énervées et agressives. Retour à N'Dambi.

Pour mon dernier jour en brousse, la maladresse de Gaëtan m'offre une expérience angoissante et inespérée. Comme d'habitude, le bruit de sa machette fait fuir un groupe de gorilles. Nous restons immobiles quelques minutes en espérant leur retour. Nous sommes près d'une zone herbeuse et humide, comme les apprécient les gorilles. J'entends alors un grognement. Le dos argenté est là. Nous avançons prudemment. Je décide de rester au centre de la clairière, à découvert. Ainsi le mâle dominant peut nous voir. Bonne initiative, il est dans notre dos et nous observe depuis le début. Nous restons assis pendant plus d'une heure, sous la surveillance de ce dos argenté invisible qui grogne à chaque fois que nous bougeons. Encore une fois, je n'ai pris aucune photo, mais j'ai vécu une expérience inoubliable.

Au retour, je rencontre une famille de chimpanzés – le père, la mère et leur petit – qui marche sur la piste. Il est rare de les voir à terre et à découvert. C'est ma dernière rencontre avec des grands singes avant mon retour en France. Si tout va bien, je serai de retour avant la fin de l'année.

# Expédition III : La charge du dos argenté

Bambidie, décembre 2008-février 2009

Je mène désormais une vie d'explorateur, d'aventurier. Elle fait rêver. Je le constate, une fois de plus, au contrôle de sécurité à l'aéroport de Roissy-Charles de Gaulle. J'ouvre le sac contenant mon matériel photo en expliquant mon travail à l'agent qui inspecte les bagages. Le passager suivant aimerait en savoir plus et souhaite voyager à côté de moi. Il a beaucoup de questions à me poser, dit-il. Je les devine déjà : De quoi est-ce que je me nourris en forêt ? Est-ce que je me sens seul ? Est-ce que j'ai peur ? Les mêmes que s'était vu poser Henry-David Thoreau en son temps après sa vie dans les bois. L'homme est un être social à l'instinct grégaire. Que l'on songe à se retirer du monde, ne serait-ce que quelques semaines, soulève chez lui de nombreuses interrogations, prosaïques et métaphysiques. Mais il se trompe : quand je pénètre dans la forêt, je ne m'éloigne pas du commerce des hommes. Au contraire, je me rapproche du sujet qui devrait être le seul à nous préoccuper et que nous sommes trop nombreux encore à ignorer : l'environnement. Un mot bien mal choisi tout bien considéré. Il donne l'impression que la nature est ce qui nous entoure et nous place, nous les hommes, au centre. C'est sans doute là notre erreur depuis le début. Nous ne sommes qu'un élément parmi d'autres, sans plus ni moins d'importance dans l'équilibre naturel, que le termite ou l'éléphant. L'employé de l'aéroport me rend mon sac en me disant qu'il aimerait faire le même travail. La réalité du terrain est bien différente de ce qu'ils imaginent, mais son regard me touche. Nous sommes au début du mois de décembre, le froid règne en France. Dans quelques heures, je serai dans la forêt tropicale du Gabon : humidité, chaleur, et leur corollaire, les moustiques. Je dois rester deux jours à Libreville avant de rallier Bambidie en avion, ce qui ne m'enchante guère. Libreville est une ville où le paludisme sévit. Je dormirai avec une bonne dose d'antimoustiques et la climatisation poussée au maximum.

À Libreville, je suis accueilli par une employée de Gabon contacts, une agence chargée de faciliter l'arrivée des travailleurs de la CFT. Grâce à elle, je passe la douane sans difficulté. Ce privilège me rappelle que je suis lié à cette compagnie qui m'invite, mais qui peut aussi mettre fin à mon projet, à tout moment.

Pour cette deuxième mission d'observation des gorilles, une nouveauté : une malle pédagogique consacrée aux grands singes. Elle a été conçue par le Muséum d'histoire naturelle et contient des activités ludiques et éducatives pour sensibiliser les enfants à la protection des primates. Elle arrivera par le train à Lastoursville, située à vingt-cinq kilomètres de Bambidie. La spécialiste des grands singes du Muséum était désolée que nous n'ayons pu aboutir à un accord pour la mission précédente. Elle a tenu à participer cette fois, sous la forme de cette malle. C'est important. Mon projet de protection des gorilles dans ces forêts exploitées ne peut réussir si je ne parviens pas à embarquer la population avec moi. Il faut changer le regard des Gabonais sur les gorilles, faire en sorte qu'ils ne les considèrent plus comme une nuisance ou même du gibier, mais comme une chance, un atout pour le développement économique. Et pour cela, il faut commencer par les plus jeunes. C'est par eux que le changement se produira.

Je note du nouveau en arrivant à Bambidie : une clôture délimite désormais la partie industrielle du village. La sécurité s'impose partout. Ce constat m'évoque la résidence où habite mon père en banlieue parisienne, bunkerisée au fil des années. Mon père vieillit et les barrières le rassurent désormais, tandis que moi, je rêve de liberté, m'apprêtant à m'enfoncer dans la forêt pour ne plus subir les contraintes de la vie moderne. Je réalise qu'un jour, ici aussi, tout sera contrôlé, normalisé, occidentalisé, que l'aventure, l'inattendu seront alors impossibles.

J'ai récupéré ma voiture, le 4x4 acheté lors de la mission précédente, et la malle grands singes du Muséum. Aucun circuit n'a été établi pour sa circulation qui doit nous occuper pendant les premières semaines de cette mission. Je dois donc décider du parcours qui sera le nôtre. L'Éléphant m'aide à choisir et m'oriente vers deux régions prioritaires à son sens : l'Ogooué-Lolo et le Haut-Ogooué. Il est le seul à prêter attention à cette tournée dans les écoles. Il m'apparaît pourtant fatigué. Il donne l'impression de vouloir passer la main. Ce n'est pas une bonne nouvelle. Je connais son rôle dans l'équilibre qui règne ici. Sa proximité avec les employés (il les connaît tous par leur prénom) contraste avec l'approche utilitaire des nouveaux actionnaires, une holding internationale, forcément éloignée du terrain. Une autre époque s'annonce… Et celui que L'Éléphant a choisi pour lui succéder ne me semble pas avoir les épaules. Le costume est trop grand pour lui. Surtout, je sais que ma présence ici tient beaucoup à L'Éléphant. L'éventualité de sa retraite ne me réjouit guère.

Le lendemain, je prends enfin la route avec la malle. J'espère que les enfants seront intéressés. Je vais rencontrer Guy-Albert l'animateur, instituteur stagiaire, à Lelama. Sur la route qui m'y conduit, j'essaie de repérer les accès vers les pistes explorées avec Alex, mais la végétation a repris ses droits et m'empêche de les retrouver.

Il est midi quand j'arrive devant l'école où m'attend Guy-Albert. C'est la sortie de classe. Le directeur et une institutrice m'accueillent. Cette malle est, semble-t-il, l'événement de l'année pour eux. Celui qui prendra la place de L'Éléphant est là. Il n'a pas un très bon contact avec les Gabonais et disparaît très vite après avoir essayé maladroitement de prendre part à nos échanges.

Guy-Albert fait sa présentation de la malle grands singes dans un joyeux désordre. Il maîtrise bien la situation et le sujet semble passionner les enfants. Par sa taille, la main de gorille en latex impressionne les enfants, et les jeux comme les tableaux pédagogiques, sur lesquels on accroche des figures d'animaux et de chasseurs à l'aide de velcro, fonctionnent à merveille. Une première brique est posée dans cette démarche de protection de l'environnement. C'est peu de chose. Il en faudra des milliers d'autres pour changer la donne et obtenir des résultats que je ne verrai peut-être pas. Mais chaque action compte. Il faut garder cela à l'esprit.

La tournée de la malle pédagogique m'occupe plusieurs semaines. Je ne suis pas en exploration dans la forêt, mais je la traverse pour rallier les villages. C'est l'occasion pour moi d'apercevoir quelques gorilles. Sur la piste de Lelama, une femelle traverse devant ma voiture. Je m'arrête. Si j'en crois ma petite expérience, un groupe est séparé en deux de chaque côté de la piste. Je reste assis sur le bord de la route dans l'espoir de prendre une belle photo, mais après vingt minutes d'attente, je dois repartir. J'ai rendez-vous dans une école. Avant de remonter dans la voiture, je regarde à l'endroit où la femelle a traversé tout à l'heure. Aussitôt, le mâle au dos argenté rugit. Il est à peine à dix mètres, caché par les feuillages. Je m'accroupis et fais marche arrière jusqu'à la voiture. Une autre fois, en rentrant d'une animation dans une école, je m'arrête au bord de la piste pour faire une sieste. Il ne s'écoule pas longtemps avant qu'un gorille, caché dans les arbres à quelques mètres, se frappe la poitrine pour me signifier d'aller dormir ailleurs. Ces rares rencontres avec les gorilles nourrissent mon envie de repartir en forêt. Encore quelques jours de tournée pédagogique, et la vie dans les bois reprendra pour moi. Patience.

Certains des villages que nous visitons sont dans des zones que la CFT n'exploite plus depuis plusieurs années. Ils ne perçoivent plus d'argent. Ils demeurent dans un état de transition, entre les anciens qui se souviennent du bon temps où la CFT permettait d'améliorer le quotidien et les plus jeunes qui espèrent le retour des forestiers pour goûter à leur tour à cette vie plus facile. Pour l'heure, ils attendent. Personne ne semble vouloir prendre les choses en main et développer une activité, agricole ou commerciale, qui permettrait de gagner en autonomie.

Les instituteurs en brousse sont isolés. Les écoles manquent de moyens (hormis celles financées par la CFT), mais les enfants sont toujours au rendez-vous. La cloche, c'est souvent une jante de voiture suspendue sur laquelle l'instituteur bat le rappel avec une barre de fer. Dès la première *sonnerie*, les enfants sortent de leur case et rejoignent la classe. Notre visite est un événement.

Guy-Albert commence toujours sa présentation par des généralités, pose des questions. La plupart des enfants ont du mal à situer leur pays sur une mappemonde. J'interviens de plus en plus durant nos passages dans les écoles. Je montre les images des gorilles que j'ai filmés, quelques photos. Les instituteurs apprécient l'utilisation de ces témoignages. Ils manquent d'outils pédagogiques pour éduquer et sensibiliser les enfants à la préservation de leur forêt. Beaucoup d'élèves ne connaissent pas leur environnement et ne font pas la différence entre un buffle et un sanglier. Quant aux gorilles, ils n'en ont jamais vu, mais beaucoup ont déjà mangé de la viande fumée de grands singes.

La malle n'est pas toujours adaptée à notre tournée qui impose de ne rester qu'une demi-journée dans chaque école. Certaines activités, comme la réalisation de moulages d'animaux en plâtre par exemple, exigeraient de rester plus longtemps, une journée voire plus. Mais il y a tant de villages à visiter et nous disposons de si peu de temps ! Moins que nous ne le pensions à vrai dire. Mi-décembre, la tournée est interrompue par une grève surprise des enseignants… Impossible d'en connaître les raisons.

Je décide de partir à la recherche d'un pisteur pour m'accompagner en forêt. Guy-Albert connaît un type qui pourrait convenir à N'Dambi, à une vingtaine de kilomètres de Bambidie. À peine arrivé, j'aperçois, accrochés à l'entrée d'une case, deux crânes de gorilles. Un jeune homme vient vers moi et se présente. Il dit s'appeler Valéry Giscard d'Estaing. Je lui réponds que je suis François Mitterrand. Guy-Albert, un peu gêné, me glisse à l'oreille que c'est son vrai nom…

Valéry Giscard d'Estaing est un chasseur. Il m'explique qu'il tue toujours le dos argenté en premier. Sans cela, impossible de tuer les autres gorilles sans être attaqué et sûrement blessé ou tué par le mâle dominant. C'est peut-être un bon pisteur, mais je préfère me passer de ses services.

Quelques jours avant Noël, je pars seul en forêt. Enfin ! Je considère cela comme mon cadeau, avec un peu d'avance sur la date. Je suis revenu dans la zone de N'Dambi, déjà explorée avec Alex, en espérant retrouver les gorilles que nous avons croisés au printemps dernier.

Je suis installé dans une ancienne cabane de la CFT isolée, mais au bord de la piste. Elle est à dix minutes de marche de la zone que j'explore. Pas de camp à construire. Une bonne chose quand on est seul. Je n'en éprouve aucune appréhension, malgré le daman qui m'accueille de son cri lugubre pour ma première nuit.

Le lendemain, j'explore une piste d'exploitation déjà parcourue lors de ma précédente mission. En huit mois, le chemin s'est refermé. J'avance lentement à travers la végétation. Au sécateur, bien sûr.

Quelques centaines de mètres devant, des chimpanzés font du vacarme. Je devine plusieurs groupes qui dialoguent. Inutile de me lancer à leur poursuite. Je les sais bien plus rapides. Ce serait peine perdue. Bien m'en a pris. Quelques minutes plus tard, des cris résonnent dans mon dos. Je m'assois au milieu de la piste. Un groupe de chimpanzés traverse lentement. J'aperçois trois jeunes dans la végétation. Un gros mâle tout gris arrive droit sur moi ; surpris, il me regarde quelques secondes et repart avec ses congénères sans un cri et en douceur. Je saisis cette rencontre avec ma caméra. Ce ne sont pas des gorilles, mais l'émotion est là malgré tout.

Au retour, j'entends des craquements de branches et des gros fruits qui tombent au sol. Chaque impact provoque un grognement satisfait. Je devine qu'une femelle gorille les cueille pour le mâle trop lourd pour monter dans les branches. Je m'assois en attendant la réaction du dos argenté qui est à terre à quelques mètres de moi… J'applique les consignes d'Alex : ne jamais aller vers un gorille sans visibilité. Au bout de quelques minutes, le dos argenté m'a repéré et se met à rugir violemment. Je ne suis pas rassuré, les yeux rivés au sol. Le regarder serait perçu comme une provocation. Un deuxième rugissement, puis ils partent. Je n'ai rien vu. La forêt est trop dense, mais ils étaient très proches.

Toute la journée, j'ai dégagé la végétation qui a envahi la piste depuis le printemps dernier. Je poursuivrai demain. Avoir une bonne visibilité est nécessaire pour avancer sereinement. Il est 16 h 30 quand je reviens à la voiture. Le soir tombe. Dans deux heures, il fera nuit noire. Sur la route, un gorille hurle à mon passage. Je freine, descends et m'assois sur le bas-côté. Il est là, un vieux mâle solitaire dans les marantacées. J'attends une heure, assailli par les moucherons, pour l'apercevoir quelques secondes. Je le filme, il me regarde, me crie dessus avant de disparaître. Une certitude après cette rencontre : les gorilles sont nombreux ici.

Aujourd'hui, c'est Noël. Difficile de se le figurer en pleine forêt tropicale. J'imagine mes proches qui se préparent à célébrer l'événement. L'hiver sévit en France, ici la chaleur et l'humidité. Je pars au petit matin sur la piste de N'Dambi. Je marche pendant cinq heures sans trouver aucune trace de gorilles. Et puis soudain, un bruit de branche cassée, un grognement. Un dos argenté m'a repéré. Je m'assois sur le chemin et j'attends. Le mâle est tout prêt, je perçois très nettement ses grommellements. Quelques mètres plus loin se trouve un moabi qui donne des fruits verts comme des grosses pommes molles. C'est la première fois que je suis si proche d'un gorille. Dix mètres à peine nous séparent. Il grogne de plus en plus fort. J'allume ma caméra, car je vois des mouvements dans la végétation devant moi. Une femelle sort la tête des feuillages et me regarde. Elle est calme. J'essaie de zoomer sur elle, impossible de faire le point, je tremble trop… sur ma droite, le dos argenté charge par deux fois en s'arrêtant à cinq mètres de moi. Je regarde le sol pétrifié de peur.

Les gorilles finissent par partir. J'attends quelques minutes et pars moi aussi, chancelant, vers le camp. La montée d'adrénaline a été trop forte. Jamais je n'oublierai ce moment, seul face à un animal aussi puissant, aussi menaçant… Je conduis, encore sous le choc. Mon esprit est resté là-bas, dans la forêt. Les cris du grand mâle résonnent encore dans mes oreilles. J'en ai des sueurs froides. Je roule lentement, fébrile, peu concentré, jusqu'à la cabane où je me pose enfin. Entre ces quatre murs de planches fragiles, je me sens en sécurité. Je ne le suis pas plus que les trois petits cochons… Le calme revient alors. Même si les charges du mâle dominant étaient effrayantes, c'était une belle rencontre.

Le lendemain, je reviens à l'endroit même de la charge. Je retrouve le moabi dans lequel était montée la femelle. Ses fruits diffusent leur douce odeur. Il y a au pied de l'arbre les restes du repas des primates rencontrés la veille. J'en cueille un. J'ai décidé de goûter tout ce qu'ils mangent. Le fruit du moabi est sucré, mais un peu pâteux, astringent même. Ce n'est pas mauvais, mais cela se mange sans plaisir. Je regarde autour de moi. Rien. Sans les fruits grignotés au sol, je pourrais croire que la rencontre d'hier n'était qu'un mauvais rêve. Je devrais être déçu, mais je ressens un profond soulagement. Je ne suis pas prêt pour une nouvelle confrontation avec un dos argenté.

À quelques centaines de mètres, un coup de fusil… Des chasseurs, des braconniers peut-être. Je dois être vigilant. Ces derniers opèrent en groupe. Je suis seul. Mieux vaut les éviter. Est-ce la distraction de les savoir dans les parages ? Je tombe dans une rivière en suivant son cours dans l'espoir de trouver une saline qui, d'après L'Éléphant, serait dans le secteur. Impossible de continuer trempé comme je le suis. Retour au camp pour changer de vêtements et contrôler le matériel, appareil photo et caméra.

Je cherche toujours les gorilles avec lesquels je suis entré en contact il y a quelques jours. Si je les rencontre plusieurs fois, ils finiront par accepter ma présence et je pourrai alors les observer plus facilement, plus longtemps aussi. Je reviens de temps à autre vers le moabi de notre première rencontre, trouve parfois quelques noyaux de fruits fraîchement mangés au pied de l'arbre. Trop tard… La pluie m'oblige souvent à revenir au camp. Un jour, après de longues heures, la pluie s'arrête enfin. Il est déjà 16 h 30. L'obscurité va bientôt s'installer dans la forêt, mais je repars quand même, marche le long de la piste, celle que j'appelle désormais « la piste de ma peur ». J'ai parcouru à peine un kilomètre quand je vois des branches bouger. Quelques secondes après, les grognements du dos argenté. Ils me sont destinés. Je suis devenu très sensible aux différentes intonations du mâle depuis la charge… Cette fois, je veux éviter l'agression. Je vois dans la pénombre un autre gorille monter dans un arbre pour m'observer et derrière, un cloc-cloc sympathique. Le grand mâle est toujours là, prêt à me rugir dessus. Je suis entre lui et son groupe. Ce n'est pas bon. J'avance accroupi (se tenir debout est un signe d'agression) pour les laisser se rassembler. J'ai l'impression que le dos argenté me suit à travers la végétation. Je ne suis pas serein. C'est encore lui qui maîtrise la situation. Il me voit. Moi pas. Je reste assis une bonne demi-heure à les écouter préparer leurs nids. Quand la nuit tombe, je rentre, satisfait de ce contact sans agressivité.

Je fais mon apprentissage seul, désormais. Alex n'est plus là pour me conseiller. J'apprends le gorille sans professeur et je ne dois pas faire d'erreurs.

Le lendemain, au réveil, j'entends, sans le voir, le groupe d'hier soir. J'aperçois beaucoup de petits singes. Cette première expérience seul dans la forêt est une réussite à mes yeux. L'année se termine bien. Nous sommes le 31 décembre et je rentre à Bambidie pour fêter le Jour de l'an à quarante-cinq kilomètres de mes gorilles.

Je ne reviens m'installer dans ma cabane que cinq jours plus tard. Dès le premier soir, je suis accueilli par un animal qui hulule dans la forêt. On dirait qu'un plaisantin cherche à m'effrayer en imitant un fantôme. La forêt, la nuit, peut jouer avec notre imagination. Il faut se contrôler.

Dès le lendemain, je retourne à l'endroit où j'ai rencontré les gorilles, près du moabi. Ils ne sont pas là. Pourtant, j'entends des fruits tomber au sol plus loin. Entre les feuillages, j'aperçois un dos argenté. Je m'accroupis sans tarder. Dans l'arbre, au-dessus de lui, je devine deux ou trois autres gorilles. Je n'ose pas bouger. Non loin de là, dans un autre arbre, des chimpanzés. Les deux groupes semblent s'ignorer. Un vieux chimpanzé m'observe quelques secondes. S'il donne l'alerte, elle sera aussi reçue par les gorilles. Je ne veux pas me faire repérer par le dos argenté… Mais le vieux singe repart sans réaction. Il ne me considère pas comme un danger. Je reste deux heures dans cette position. Les gorilles « nettoient » l'arbre méticuleusement, en mangent les fruits ou les font tomber au sol pour les déguster plus tard. Ils les enfournent avec une technique très maîtrisée : le fruit entre d'un côté de la bouche, les épluchures et les noyaux sortent de l'autre, la chair est avalée. Au suivant ! Je me trouve vraiment très près de ces deux groupes de grands singes. Cependant, je suis dans l'impossibilité de les filmer tant la forêt est dense. Je n'enregistre dans ma caméra qu'une petite minute lorsqu'un gorille descend de l'arbre. Trop de végétation et pas de perspective. Partout autour, de véritables murs verts. La forêt est fermée et observer les primates dans ces conditions est compliqué. Soit ils m'entendent venir et s'enfuient à mon approche, soit je les surprends en débouchant près d'eux et les effraie. Comment faire ? Je reconnais que, seul, je les trouve plus facilement, plus souvent. Mais ce n'est pas assez. Il faut trouver un moyen de les observer, pas seulement de les voir.

Les jours suivants, je me résigne à quitter la piste de ma peur. Je ne peux revenir chaque jour au pied du même moabi en espérant retrouver mes amis. D'autant que les fruits sont de moins en moins nombreux sur l'arbre. En témoignent les nombreux noyaux qui jonchent le sol. Je rentre en forêt, non sans appréhension. Très vite, je n'ai plus de repères. Tous les arbres se ressemblent. Pourtant, l'œil humain distingue plus de nuances de vert que de toute autre couleur. Au commencement était le vert, partout, bien avant l'homme, qui, pour des raisons de survie, s'est adapté à cette couleur dominante. L'homme moderne a conservé cette capacité, mais il ne sait plus s'en servir. Il préfère la boussole et le GPS. Les histoires de personnes perdues en brousse ne manquent pas. J'aimerais autant éviter d'ajouter mon nom à la liste, ne pas venir alimenter les histoires que l'on se raconte entre forestiers. L'un d'eux m'a rapporté qu'une bande de touristes avait dû quitter la piste de quelques dizaines de mètres pour fuir un éléphant. On les a retrouvés deux jours après… Et ceux qui sont supposés mieux connaître la forêt ne sont pas épargnés. Un employé de la CFT a dû y passer la nuit, incapable de retrouver son chemin, après s'être isolé pour aller au petit coin… Ici, on perd très vite le sens de l'orientation. Pour ma part, j'ai réussi à retrouver la sortie. Je reviens cependant auprès de mon arbre. Les gorilles ne sont plus là, mais j'entends les chimpanzés. Impossible de les voir. Je les enregistre, c'est déjà ça.

J'explore une autre zone, la piste de Lifouta, où les gorilles sont nombreux, m'a-t-on dit. Mais les voir se mérite. Je dois ouvrir un chemin à travers la dense végétation, j'avance lentement. Le sécateur impose une progression lente. Quand la piste est coupée par un arbre en travers, je cherche la piste d'éléphant qui contourne l'obstacle, il y en a toujours une. J'ai l'impression d'être un vieux baroudeur de la brousse quand je découvre cela. Je calme cet élan prétentieux. L'excès de confiance dans ce milieu est souvent suivi d'une punition. Toujours pas de gorilles, mais un céphalophe à dos jaune (une sorte d'antilope) reste quelques minutes à quelques mètres de moi. Je le filme. D'après une légende locale, cet animal de la famille des bovidés mangerait aussi de la viande…

À partir de mi-janvier, la forêt semble m'être plus favorable, à moins que ce ne soit moi qui commence à la comprendre un peu mieux, ou encore ce sont les gorilles qui m'ont intégré dans leur paysage. Toujours est-il que j'en rencontre plus souvent, enfin.

Mais toujours, j'ai l'impression de tomber sur eux. Je suis sous un arbre quand un fruit chute à mes pieds. Je lève la tête. Deux gorilles sont au-dessus de moi, cachés dans les feuillages. Impossible de les photographier, mais je filme, pour le son au moins. Je garde les yeux sur mon écran, tandis que les fruits continuent de tomber au sol. Quelques minutes plus tard, une femelle descend en se laissant glisser le long du tronc et se retrouve à deux ou trois mètres de moi. La végétation est dense, pourtant je peux l'entendre mastiquer les fruits. L'autre gorille descend à son tour, certainement le dos argenté. Je fais profil bas, me change en arbre, respire le plus lentement possible. Mon cœur bat si fort que j'ai l'impression que ma cage thoracique va exploser. Ils s'en vont tranquillement, sans m'avoir repéré.

Je reprends mon chemin et tombe sur un autre groupe. Tant de journées infructueuses et deux rencontres en quelques minutes. Cette fois les gorilles me repèrent et commencent à réagir. Je reste dans mon coin, fais mine de manger des feuilles. Tout se passe bien. Ils repartent. Je préfère ça à une charge.

Toutes ces rencontres ont lieu dans la zone de N'Dambi qui confirme sa réputation. Mais j'ai encore à apprendre. Il m'arrive de confondre les grands singes. Toute cette végétation n'aide pas, il faut le dire. Heureusement, il y a les oreilles. Pas les miennes, celles du chimpanzé, bien plus grandes. Je filme parfois, les yeux fixés sur l'écran de mon caméscope, distingue soudain à travers les feuillages une oreille qui me permet de faire la distinction. Pourquoi me suis-je pris de passion pour les gorilles ? Aurais-je eu le même élan si le soir où L'Éléphant et moi roulions sur la piste à l'est de Bambidie, il y a trois ans déjà, j'avais aperçu un chimpanzé ? Les gorilles me semblent si calmes, si placides, si puissants et fragiles à la fois, comme pourrait l'écrire un mauvais poète versant dans les poncifs. Les chimpanzés sont bruyants, tapageurs, des garnements qui semblent toujours vouloir vous jouer des tours. C'est peut-être pour ça que je me sens plus proche de leurs cousins.

Les jours sans gorilles reviennent. Des heures de marche pour deux mambas verts. Des marantacées grignotées, des nids. J'ai toujours un temps de retard. Ou bien ce sont eux qui ont un temps d'avance. Sans doute m'entendent-ils venir de loin. Mon sécateur est presque silencieux, mais je ne peux en dire autant de mes bottes en caoutchouc. Mais comment faire autrement ? La forêt est très humide ; il y pleut si souvent. Sans compter les rivières à traverser. Je ne pouvais rester les pieds mouillés dans des chaussures de marche à longueur de journée.

« Encore une journée décevante »... Je trouve ces mots en parcourant les entrées précédentes dans mon carnet de notes. Je les ai écrits il y a deux jours. Certes, ne pas voir les gorilles quotidiennement est une frustration, mais de là à écrire que la journée était *décevante*... C'est moi qui le suis. J'ai l'impression de me comporter comme un consommateur qui vient au supermarché pour acheter son produit favori et qui peste devant le rayon parce qu'il est momentanément indisponible. Partout autour, les rayons sont pleins d'autres articles, mais sa frustration est trop grande, et aucun ne peut trouver grâce à ses yeux. Il n'est pas possible de se comporter ainsi en forêt. Si au supermarché le client est roi, ici ce sont les animaux qui règnent et qui décident. Il faut accepter ce qu'ils offrent. Évidemment, ma position d'invité sur la concession de la CFT, investi d'une mission d'observation des gorilles influe sur mon état d'esprit. Je dois fournir des résultats, rapporter des photos, des films, des preuves que tout va bien, que les grands singes s'adaptent à l'exploitation forestière et trouvent leur place dans cet environnement dérangé par l'activité humaine. Ma collecte est maigre jusque-là et explique en partie ma déception. Mais la faune, nombreuse et variée, que je croise me rend heureux pourtant. Comment le piéton parisien que je suis ne pourrait-il se satisfaire de ces rencontres si exotiques ? Il y a quelques semaines, j'arpentais les trottoirs du 10e arrondissement, agressé par le bruit des scooters, des voitures, par les odeurs de gaz d'échappement, me désespérant de n'avoir pour végétation que les quelques platanes du boulevard Sébastopol et un pot de basilic sur ma fenêtre. Ici à N'Dambi, il y a tant d'espèces végétales que je pourrais passer des semaines, des mois à les inventorier sans jamais en voir la fin. C'est le travail d'une vie, de plusieurs même sans doute. Comment être déçu par un endroit aussi riche ?

Peut-être parce que, dans ce paysage, figurent quelques personnages que l'artiste aurait pu s'abstenir d'ajouter au tableau. Alors qu'un jour de pluie, je parcours la piste près de ma cabane, espérant trouver dans la latérite détrempée des empreintes de gorilles, je découvre celles laissées par des hommes. Ils sont deux et ne sont pas là pour ramasser des champignons. Pourtant, ils sont tous comestibles en forêt tropicale. À ce qu'on m'a dit, il n'existe pas d'espèce vénéneuse ici. Je n'en mange pas pour autant… Les deux hommes qui ont laissé ces traces non plus. Ils sont là pour la viande, des chasseurs ou, plus probable dans une zone aussi reculée, des braconniers qui traquent des espèces protégées, grands singes, éléphants… Je préfère m'en tenir à distance. Qui sait quelle pourrait être leur réaction, eux hors-la-loi, face à un homme blanc seul dans la forêt tropicale ? Le Gabon est indépendant depuis le 17 août 1960. Cinquante années ont passé, mais le Blanc inquiète encore. Il faut dire que ce dernier se comporte parfois comme si cette indépendance n'existait pas. En retour, de ce que j'ai pu observer à la CFT, les Gabonais ont souvent une posture de défiance face à ceux qui occupent tous les postes de cadre de la société forestière. La tension qui en résulte m'a coûté de longues heures d'errance en forêt lors de mon premier séjour sur la concession quand le jeune chef d'équipe avait refusé de rebrousser chemin pour demander à son équipe de lui indiquer la direction pour retrouver la voiture...

J'ai la confirmation que ce sont bien des braconniers qui opèrent dans le coin deux jours plus tard. Toujours sur la même piste, je les vois arriver face à moi, au détour d'un virage. Ils sont à quelques dizaines de mètres. Pas moyen de les éviter. Ils ont chacun sur le dos d'énormes sacs lourdement chargés, sans aucun doute de viande de brousse qu'ils ramènent à leur camp qui ne doit pas se trouver bien loin d'ici, et donc tout prêt du mien. Eux sont armés. Moi, j'ai un sécateur dans la poche. Je décide d'aller vers eux, avec assurance. Je lève le bras, comme pour les saluer, leur signifier que je les ai vus, et m'avance vers eux. Les deux hommes détalent vers la forêt et s'enfoncent dans l'épaisseur de la végétation. Des braconniers, c'est sûr. Inutile d'aller à l'endroit de la piste où ils se trouvaient. Qui sait s'ils ne me tireront pas dessus depuis le couvert des arbres ? Je rebrousse chemin et reviens à ma cabane.

Voir que les Gabonais considèrent la forêt comme un supermarché me contrarie. Cela prendra des générations pour changer ce regard, faire prendre conscience que les gorilles, les éléphants ont plus de valeur vivants et libres que dans une assiette. Combien de tournées pédagogiques comme celle que j'ai réalisée au début de cette mission seront-elles nécessaires, combien d'enfants faudra-t-il sensibiliser pour changer les comportements ? Ce n'est pas la première question qui vient à l'esprit de L'Éléphant quand je lui rapporte cette rencontre avec des braconniers. Il s'inquiète. Certes, ma cabane se trouve près d'une piste sur laquelle les forestiers passent souvent. Ils peuvent alors constater que je suis là, que tout va bien. Mais je reste injoignable. Aucun moyen de communication. La présence de ces braconniers change tout à ses yeux. Il n'a pas envie de me retrouver abattu d'une balle en pleine forêt, ou comme Dian Fossey, sans nul doute la plus célèbre des primatologues, celle qui a popularisé la cause des gorilles, assassinée à la machette dans sa hutte. Il n'a pas envie de devoir expliquer à sa direction comment une chose pareille a pu se produire sur un territoire que le gouvernement gabonais leur a concédé et que la CFT est supposée contrôler. Je crois aussi qu'il s'est pris d'amitié pour moi et qu'il n'aime pas m'imaginer en danger. Il me propose les services d'un pisteur. Me savoir accompagné d'un habitant du coin le rassurerait. Mais j'ai déjà donné. Je vois mieux la forêt sans pisteur, je fais moins de bruit quand je suis seul. Devant l'inquiétude visible et sincère de L'Éléphant, je finis par lui dire que je rentrerai à Bambidie chaque soir. Il trouve cette solution préférable. Cette proposition me coûte.

Du temps d'abord. Rentrer me fera perdre deux heures chaque jour, deux heures sur la route au lieu de les passer en forêt, deux heures de moins. Combien de chances de rencontrer des gorilles s'évaporent ainsi ? Aussi, rentrer chaque soir me fait perdre le contact avec la forêt. Revenir chaque matin m'oblige à m'immerger à nouveau, comme si le trajet en voiture et le contact avec les autres à la base-vie effaçaient ce que j'avais emmagasiné de la forêt. Je n'emporte rien d'elle quand j'en sors. Elle est tellement changeante, dans ses bruits, dans ses rares silences, dans ses odeurs, dans ce qu'on en voit, qu'en sortir, ne serait-ce que quelques heures, remet les compteurs à zéro. Le peu que l'on sait revient, mais il faut d'abord se réimprégner, faire corps avec elle, cette forêt que j'aime et qui n'est chaque fois ni tout à fait la même, ni tout à fait une autre. Il y a une dimension quasi mystique dans cette communion avec elle, qui relève à la fois de la méditation, d'une forme de concentration extrême, d'état second qui permet de mieux percevoir ce qui nous entoure, et de la croyance en ce qui serait une forme d'esprit de la forêt, que je définis plutôt comme un équilibre fragile supportant mal d'être dérangé. Certains des pisteurs avec lesquels je suis venu en brousse auparavant disaient que l'esprit de la forêt était en colère quand un événement inhabituel se produisait. Je mettais cela sur le compte de la superstition. Je le comprends mieux aujourd'hui.

Ce qu'ils appelaient *colère* est un symptôme, d'une maladie incurable qui s'attaque à la nature sans relâche et qui s'appelle l'homme.

Grâce à une journée de pluie qui m'a contraint à rester à l'abri de ma cabane, j'ai pu retrouver la petite saline découverte avec Alex lors de la précédente expédition. Le chant de centaines de grenouilles égayées par cette pluie qui m'ont guidé jusqu'à elles, à quarante mètres de la piste. Une courte distance quand il s'agit d'aller acheter le pain, mais qui, en forêt, demande beaucoup d'efforts. La saline est un endroit parfait pour observer les gorilles. C'est un espace dégagé où abondent les herbes tendres dont ils raffolent. Ils peuvent y manger, boire et jouer pendant des heures. Je repère bien les lieux, note sur mon carnet le chemin pour y venir depuis la piste.

Au retour, je découvre des écorces fraîches et quelques marantacées mangées du jour. Je marche doucement et j'entends ce bruit maintenant familier à mes oreilles de fruits jetés au sol. Je m'approche prudemment de l'arbre, une femelle me repère au loin, mais continue son travail. Un jeune mâle m'a vu et se frappe la poitrine en venant vers moi pour impressionner, rien de menaçant. Je reste assis tranquillement jusqu'au moment où un énorme dos argenté glisse le long du tronc de l'arbre à fruits. Il se trouvait tout en haut et je ne l'avais pas vu. Il regarde dans ma direction et se met à rugir, charge vers moi, mais s'arrête aussitôt. Il rassemble sa famille et s'enfonce dans la forêt. J'attends dix minutes et décide de me diriger vers la piste, mais les gorilles sont encore là, cachés dans les feuillages. Un jeune crie, le dos argenté surgit, rugit… Je m'assois. Impossible de rester ici pourtant. Je n'ai aucune visibilité dans cette forêt fermée. La végétation me submerge. Accroupi, j'avance péniblement, je parcours ainsi deux cents mètres, un peu désorienté. Derrière moi, au loin, le dos argenté gronde toujours. Enfin, je retrouve la piste. Dans ma main, une cartouche de fusil que j'ai trouvée en avançant au ras du sol. Ces gorilles ont certainement vécu de mauvaises expériences avec les hommes et je comprends leur attitude avec moi. Il faudra du temps avant qu'ils ne m'acceptent.

Les jours suivants sont prolifiques. Un groupe (une femelle un bébé sur le dos, deux jeunes et le grand mâle) traverse devant ma voiture alors que je rentre à Bambidie. Le lendemain, je filme un singe à nez blanc, un hocheur cercopithèque, animal craintif dont je parviens à piquer la curiosité en imitant ses mouvements de tête particuliers. Je suis des chimpanzés, mais les fais fuir avec mes bottes trop bruyantes. Un crocodile me fiche une peur bleue en filant soudain devant moi dans un marigot. Je ne l'avais pas vu. Et toujours des gorilles que j'entends plus souvent que je ne vois. Je connais désormais toute la gamme des grognements du dos argenté. Je reste une fois plus d'une heure à écouter un gros mâle dominant qui déjeune au milieu des marantacées. Je suis assis au milieu de la piste, lui est dissimulé derrière les feuillages, mais j'entends ses grognements qui peu à peu se transforment en ronronnements repus. Le reste du groupe est présent, mais ne fait aucun bruit. Leur calme est extraordinaire. Je suis tout près d'eux, même si je ne les vois pas. Et puis soudain, sur la piste, passe un employé de la CFT au volant de son 4x4. Il klaxonne pour me saluer. Les gorilles, sans paniquer, quittent les lieux, s'enfoncent dans la forêt… Je dois moi aussi partir pour explorer la zone de Lifouta.

L'Éléphant m'a montré une photo prise il y a deux ans sur la piste de Lifouta : un groupe d'une dizaine d'individus. C'est une bonne chose. J'ai le sentiment que les grands groupes sont moins stressés. Lifouta représente une vaste zone. Je crains de rencontrer des difficultés à trouver la trace des gorilles. Mes longues journées de marche me le confirment. Je parcours jusqu'à vingt kilomètres à travers la forêt sans rien voir, sinon des buffles et des éléphants. Les arbres sont chargés de fruits, mais il n'y a aucun singe, pas même un chimpanzé pour les manger. La semaine file et je ne vois rien.

Le dernier soir, au village de Lelama, un enfant de 8 ans est mort du paludisme. Les discours sur la dangerosité des gorilles, sur leur méchanceté même, circulent dans les villages de brousse. Il y a toujours quelqu'un pour raconter une histoire de grand singe qui a blessé un homme. Elles sont souvent déformées, exagérées, mais les estropiés sont là pour prouver leur véracité. Personne ne raconte jamais d'histoire de moustique, insecte minuscule et pourtant bien plus meurtrier.

Fin janvier. La mission avance. Elle se terminera dans deux petites semaines. Je reviens à N'Dambi et découvre d'emblée un camp de braconniers à cent mètres de la zone où je travaille et à vingt mètres de la route principale. C'est un camp important avec deux fumoirs à viande. D'après les indices, les hommes sont partis la semaine dernière. Ils étaient sûrement là lorsque j'étais seul dans ma cabane. L'Éléphant avait raison de m'enjoindre de rentrer le soir.

Cette zone est perdue pour une éventuelle habituation des gorilles, certainement très méfiants vis-à-vis de l'homme après le passage des braconniers. Je poursuis mon exploration malgré tout. Surprise ! Au loin, des cloc-cloc. Je m'enfonce dans la forêt, découvre rapidement des empreintes et des restes de fruits sur plusieurs centaines de mètres. Ils sont passés ce matin. Trop tard, me dis-je. Je rebrousse chemin quand j'entends une dispute devant moi. Des chimpanzés peut-être ? Des grognements me détrompent. Il s'agit de gorilles, nombreux, peut-être une dizaine. Je suis au milieu du groupe, je m'assois et j'attends, coincé dans les marantacées… Un jeune me repère rapidement et frappe sur sa poitrine, une femelle montre sa tête. Leur odeur acide m'enveloppe et devient de plus en plus puissante. J'attends avec anxiété l'arrivée du dos argenté, il ne peut plus ignorer ma présence… Une femelle entreprenante se tient face à moi et alerte le chef de famille. Il arrive… Je le vois ! Il est beau, énorme. Il gronde sa femelle un peu trop amicale et me charge ! Je fixe le moniteur de ma caméra vidéo pour le filmer sans le regarder directement. Son regard me ramène à ma réalité de petit humain faible et prétentieux. J'attends le choc… Il s'arrête à cinq mètres et fait demi-tour comme s'il partait, puis il me charge à nouveau. Il est caché dans la végétation et me surveille. Je ne commettrai pas l'erreur de me lever. J'attends. Derrière moi, un autre groupe. C'est trop d'un coup. Je n'en demandais pas tant. La dispute entendue tout à l'heure était certainement le résultat de leur rencontre. J'ai fait le plein d'adrénaline, je rentre en me répétant que je ne suis pas fait pour ça, que j'ai beau aimer les gorilles, je ne suis pas prêt à mourir pour les approcher. Il est temps de rentrer et de reprendre une vie plus tranquille. Je suis prêt à abandonner. Peu importe ce que diront les autres. J'aimerais les voir face à un primate de deux cents kilos qui exprime sa colère.

Le soir, je rejoins les forestiers. En buvant une bière avec eux, comme après chaque journée de travail, je montre à L'Éléphant et son bras droit les images de la charge du dos argenté sur l'écran de mon caméscope. Tous deux regardent. Ils sont impressionnés, restent silencieux, mais je comprends à l'expression sur leur visage qu'eux n'ont jamais connu une telle proximité avec les gorilles. À leurs yeux, j'ai gagné mes galons ce jour-là. Je change dès lors de statut, et ce regard qu'ils me portent, sans effacer la peur éprouvée quelques heures plus tôt, me donne le courage de repartir.

Les jours suivants, je m'enfonce à nouveau dans la forêt. J'y croise beaucoup de chimpanzés. Je finis par apprécier leur bruyante présence. Je m'installe un jour au milieu d'un groupe. Certains sont dans les arbres et mangent des fruits, d'autres se chamaillent et se courent après. J'ai juste le temps de les apercevoir passer à quelques mètres de moi et disparaître. On dirait des enfants. Je suis assis là comme au milieu d'une cour d'école. Mais ce sont les fourmis magnans qui sonnent la fin de la récréation. Je me suis installé sur une colonie et elles se sont glissées dans mes vêtements. Je n'ai pas d'autre choix que de me déshabiller intégralement pour me débarrasser de ces insectes voraces. Je me retrouve nu, avec seulement mes bottes aux pieds en train d'inspecter mes vêtements. Heureusement, le ridicule ne tue pas et les promeneurs sont rares dans le coin…

Une chose nouvelle pour moi depuis la dernière charge. Je suis capable de sentir les gorilles, comme Gaëtan, le guide qui nous accompagnait avec Alex. Il faut avoir vécu un traumatisme pour que leur odeur, forte et acide, s'inscrive à jamais dans votre mémoire olfactive. J'ai l'impression de pouvoir les pister maintenant.

Je sens d'abord l'odeur, puis repère des restes de fruits et enfin des empreintes impressionnantes. Un gorille, un gros, est devant moi. J'entends les tiges des marantacées qui craquent sous ses dents. Je reste à bonne distance pour ne pas le faire fuir, c'est un solitaire. Je le suis à l'oreille pendant plus d'une heure et finis par l'apercevoir au bout de la piste. Il est devant moi et m'attend, me regarde. Puis il disparaît. Je ne l'ai vu qu'une dizaine de secondes, mais sa silhouette, noire et luisante, puissante, restera gravée dans ma mémoire. Quelle masse ! Sa tête et ses épaules occupaient toute la largeur de la piste…

Mon dernier jour ici est un jour de pluie. Sur la piste, je roule à petite vitesse au cas où des gorilles traverseraient devant la voiture. Caché dans la forêt, à mon passage, un dos argenté me « blâme », comme disent les Gabonais. Je m'arrête plus loin. J'attends une heure sous la pluie en compagnie des moustiques, l'hypothétique passage du groupe sur la piste… J'espère une dernière photo avant mon départ. Rien. Je finis par abandonner et bats en retraite vers la voiture.

Avant de m'installer derrière le volant, je tourne une dernière fois la tête vers les gorilles et je vois la femelle traverser tranquillement la piste suivie d'un jeune. Ils sont trop loin pour des photos. Le mâle attend, caché. Je m'approche, trop vite. Il s'éloigne et passera plus loin à l'abri des regards. J'ai manqué de patience. Qui sait combien de temps va s'écouler avant qu'une telle opportunité ne se présente à nouveau ?

Je repars avec le sentiment d'avoir beaucoup appris durant cette mission, de la forêt, de ma confrontation avec elle, de ma solitude en son sein, de mes rencontres avec les gorilles, avec les autres animaux, avec les hommes, qu'ils soient forestiers ou braconniers ; appris aussi des habitants dans les villages où je me suis rendu pour rencontrer les enfants, appris des enfants eux-mêmes. J'espère leur avoir transmis deux ou trois choses sur mes petits en retour.

# Expédition IV :
# La découverte du paradis

Bambidie, janvier-mars 2010

J'avais déjà trouvé le titre, *Le Rêve de Darwin*, et imaginé la scène d'ouverture :

*Au petit matin, cinq hommes s'enfoncent dans la forêt vierge du Gabon. Ils progressent avec difficulté dans cette zone jusque-là préservée en plein cœur d'une concession forestière. Le périmètre qu'ils doivent explorer est vaste comme un département français. Le boussolier pointe une direction au machetteur pour tailler une piste. Derrière arrive le layonneur qui déroule un fil avec attention, suivi du compteur et du vérificateur. Les hommes se déplacent avec précaution en se positionnant à la voix.*

Ce documentaire que j'ai tenté de placer auprès des producteurs pendant des mois aurait montré une année d'immersion dans la forêt tropicale aux côtés du naturaliste autodidacte (moi) et du forestier (L'Éléphant), œuvrant ensemble pour la préservation des gorilles au cœur d'une exploitation, pour un développement harmonieux, rêve commun dont un célèbre documentaire a mis en scène l'envers cauchemardesque[1].

Si les gorilles continuent à vivre dans la forêt exploitée, nous aurons gagné notre pari. Dans un pays où les espaces arborés représentent 85 % du territoire, notre rêve est celui d'un équilibre entre les hommes, la nature et l'économie. Et Bambidie pourra alors servir de modèle partout en Afrique.

En effet, cette bataille ne peut se limiter au cadre restreint des parcs naturels. Comment croire à l'existence de zones miraculeusement préservées du reste d'un environnement progressivement dégradé et appauvri ?

Ce projet de documentaire me tenait à cœur. Mais personne n'a voulu le financer. Sauver les gorilles demandera de l'argent et j'ai le sentiment que je n'en trouverai que si je parviens à faire parler de cette cause. Mais pour lever des fonds, il faut avoir bénéficié d'un minimum de visibilité médiatique. Le serpent se mord la queue, comme toujours. Le gorille, lui, n'en a pas.

* * *

Une année ou presque que j'ai quitté le Gabon. Depuis, Omar Bongo est mort après quarante et

1. Hubert Sauper, *Le Cauchemar de Darwin*, Mille et une Productions, 2004.

un ans de présidence[2]. Son fils, Ali, lui a succédé en octobre dernier. Je ne sais pas si cela changera la donne. Au fond, seul m'importe le sort des gorilles.

Quand je reviens à Bambidie, j'ai l'impression de n'en être jamais parti. Je me sens à ma place ici. Pourtant, en France, je ressens l'inverse, le sentiment de n'avoir jamais mis les pieds au Gabon, comme si tout cela n'était qu'un rêve, une construction de mon imagination. Mais je suis bien là, à Bambidie, où il y a tant à accomplir pour préserver les gorilles.

L'urgence est là. Pour autant, j'ai eu un mal fou à trouver des financements pour cette nouvelle expédition. Le faire grâce au tournage d'un documentaire ayant échoué, je me suis tourné vers les zoos dont je connaissais l'engagement pour la préservation des espèces dans leur milieu naturel. C'est finalement au zoo de La Palmyre, près de Royan en Charente-Maritime, que j'ai trouvé des personnes intéressées par les gorilles de Bambidie. Le zoo abrite quelques spécimens des plaines de l'ouest et s'inquiète de voir le plus grand des primates disparaître peu à peu de son habitat d'origine. J'ai réussi à les convaincre de m'aider grâce aux quelques minutes que j'ai filmées lors de la précédente mission. Sur les images que je leur ai montrées, un dos argenté me charge par deux fois.

2. Omar Bongo a été président de la République du Gabon du 2 décembre 1967 jusqu'à son décès le 9 juin 2009.

Je continue de filmer. À l'écran, rien ne transparaît de ma peur. Je ne la cache pas à mes interlocuteurs, mais ils sont impressionnés par mon sang-froid, ma connaissance du terrain et des gorilles, ma capacité à les approcher de si près en pleine forêt tropicale. Grâce à eux et à l'argent qu'ils m'accordent, je peux poursuivre mon travail.

L'université de Liège en Belgique (Gembloux Agro-Bio Tech) m'a contacté. Je les avais approchés après mon échec auprès du Muséum d'histoire naturelle et avant de contacter l'université de Barcelone. Ils ont tout de même suivi ma première mission et m'ont demandé d'effectuer pour eux des prélèvements de crottes de gorilles. Ils souhaitent mesurer le rôle des grands primates dans le processus de régénération des forêts. Commencerait-on à me prendre au sérieux ?

Janvier commence, j'ai récupéré mon matériel, ma voiture aux pneus usés. Je suis sur la piste de Lelama. Les forestiers m'ont dit qu'ils avaient senti de la fumée dans la zone de N'Dambi il y a quelques jours. Pas de fumée sans feu, ni camp de chasseurs voire de braconniers. Je me rends à l'endroit où se situait celui que j'avais découvert l'année dernière, non loin de la cabane que j'occupais. Les braconniers sont revenus. Je ferai un rapport en rentrant à Bambidie en espérant qu'il soit utile…

La végétation a refermé le chemin, je coupe au sécateur pour éviter de me faire repérer. J'entends des bruits, mais il faut que je retrouve tous mes sens pour pouvoir les comprendre. Il me faudra quelques jours ou quelques semaines. Ma crainte est qu'ils ne reviennent pas… Et si j'avais perdu mes quelques connaissances de la forêt ? Il me semble cependant sentir l'odeur du gorille. Mon cœur se met à battre plus vite. Je m'accroupis, par réflexe. Rien. Rien, sinon des insectes qui toute la journée, tandis que j'ouvre patiemment le chemin, me piquent et me sucent le sang.

Je dois, avant tout, valider avec celui qui remplacera bientôt L'Éléphant les différentes étapes de ma mission. Elles dépendent de l'exploitation de la forêt par la CFT. L'entretien avec ce type, à la fois surdoué et paranoïaque, est difficile. Il est incapable de communiquer avec les autres. Mais il valide ma mission, pour laquelle je serai seul, comme la dernière fois.

Quelques jours plus tard arrive L'Éléphant. Je comprends qu'il a beaucoup moins de poids sur le fonctionnement de la concession, comme s'il était tenu à l'écart et que son futur successeur était déjà aux commandes.

Je retourne dans la zone de N'Dambi. Pas de gorille malgré de beaux gingembres sauvages qui ne demandent qu'à être mangés. Je ne trouve que des vieux nids. Ils datent de plusieurs semaines. Je procède à des prélèvements dans des crottes de gorilles de graines déjà germées pour l'université de Liège. Les seuls animaux présents sont les insectes. Parmi eux, une sorte de gros bourdon m'effleure, la main et la poitrine, me provoquant une vive douleur, même à travers les vêtements, comme une brûlure de méduse.

Plus loin, j'entends des chimpanzés. Je m'assois au milieu de la piste et attends patiemment de les voir traverser, toujours assailli par les insectes. J'ai l'impression que des millions de moucherons sont venus de toute la forêt environnante pour voler autour de ce nouveau venu dont l'odeur (je dois encore sentir la France…) les intrigue. Pour me protéger, j'ai sur le visage un filet, comme les apiculteurs. J'entends les chimpanzés autour de moi, sans les voir. Au bout de vingt minutes d'attente, je me retourne. Je vois alors détaler une grosse boule noire ! Un jeune chimpanzé m'observait, sans doute depuis le début…

C'est une première journée encourageante et je m'arrête là, même s'il est encore tôt. Je fatigue plus vite. Je le sens. La forêt tropicale met l'organisme à rude épreuve. Il me faudra, là aussi, quelques jours, quelques semaines, pour que mon corps passe du froid de l'hiver parisien à la chaleur équatoriale.

Le lendemain, sur la route, je renifle les gorilles. J'en souris. Je n'ai pas perdu cette capacité, chèrement acquise, à sentir les primates. J'arrête la voiture, les repère dans un arbre. Un dos argenté en descend les bras chargés de gros fruits jaunes. Il ne m'a pas repéré, trop occupé à se nourrir. Un jeune adulte, lui, m'a vu. Il m'observe pendant une bonne demi-heure, sans donner l'alerte, puis le groupe repart tranquillement. J'ai le sentiment qu'ils ne m'ont pas oublié, que je fais partie de leur monde à présent. Si le dos argenté m'avait vu, il en aurait été autrement, je n'en doute pas. Mais pour l'heure, je savoure mon retour. Je retrouve le plaisir d'être en forêt. J'avais le moral assez bas depuis mon arrivée. Les braconniers, ma crainte de ne plus rien sentir, les insectes, l'absence des gorilles, le remplaçant de L'Éléphant… rien n'allait. Forêt noire. Il aura suffi de retrouver mes petits pour que la forêt reprenne ses couleurs. Du vert, partout !

Une nouveauté pour moi, j'ai fait l'acquisition d'un piège vidéo. Je le fixe sous un *Landolphia*, une espèce de liane qui donne des fruits appréciés des gorilles, à quelques mètres de la route. Soudain, je sens leur odeur. Mon cœur s'emballe et il me faut quelques minutes pour revenir au calme. Cette odeur est cataloguée à jamais dans un coin de mon cerveau. Peu importe le temps que je passe en France entre deux missions, je sais que je la sentirai toujours.

Les gorilles sont là. Mais la technique me lâche. Mon piège vidéo ne se déclenche pas. Pourtant, les singes sont présents tout autour. Les cloc-cloc singuliers des jeunes gorilles en attestent, comme les fruits tombés au pied des arbres, à peine grignotés, sans doute par des cercopithèques. Ces singes-là sont de gros gaspilleurs, pour le bonheur des animaux aux sols et en particulier des potamochères, petits sangliers qui pèsent moitié moins que ceux que nous connaissons en France et au pelage roux. La caméra devrait au moins saisir ces derniers. Je la ferai contrôler à Bambidie. Je n'ai guère confiance en ces appareils automatiques et préfère me fier à mes propres observations, mais je dois tirer le plus grand parti de ma présence ici.

Pour l'heure, je dois retrouver Guy-Albert, mon partenaire pour la tournée pédagogique avec la malle du Muséum qui reprend avec cette mission. Arrivé à Lelama, notre lieu de rendez-vous, Armand, le directeur de l'école rencontré lors de la tournée précédente, m'annonce que Guy-Albert est parti avec l'équipe de foot junior à Okondja. Nous sommes samedi, jour de match. Pour cette tournée, j'ai imaginé un concours de dessin sur les grands singes. Armand me refroidit. Ce qui semble aller de soi en France n'est pas si évident en forêt tropicale. Les enfants n'ont pas le matériel pour dessiner. Le papier n'est pas si courant, quant aux crayons de couleur… Je remballe mon idée, en me reprochant *in petto* mon point de vue occidental qui ne mesure pas le dénuement dans lequel exercent les instituteurs en brousse. Il faudra prévoir ce matériel pour la prochaine tournée. Je propose à Armand de filmer les enfants qui connaissent des histoires ou même des légendes sur les grands singes. Il voit là un exercice intéressant qui permettra d'apprendre aux élèves la construction d'un récit et d'améliorer leur prise de parole, et valide mon idée.

Sur le retour, je m'arrête pour récupérer ma caméra. J'entends des bruits, que je connais bien : un solitaire farfouille dans les marantacées à proximité. Je m'assois et j'attends… il vient dans ma direction. Les grandes feuilles vertes devant moi se mettent à bouger. J'ai le souffle court. Mon premier véritable contact après un an d'absence. Je le distingue à travers les feuillages, il est à quatre mètres de moi. Je suis partagé entre la peur et l'excitation. Il me repère et fuit en grondant. Je reste là, fais semblant de manger des feuilles. Je le devine non loin qui m'observe. Me lever maintenant serait prendre le risque d'une agression. Après trente minutes, je repars en pestant contre ma caméra automatique qui ne s'est pas déclenchée.

La semaine suivante se partage entre mes observations en forêt et l'organisation de la tournée pédagogique avec Guy-Albert. Je fais plusieurs prélèvements pour l'université de Liège, notamment de noyaux d'atanga, un fruit que je connais bien et qui me ramène à ma première mission en forêt. Gaëtan, le guide qui m'accompagnait alors, les avait cuisinés pour notre dîner. J'ai tellement appris de la forêt depuis. J'ai tellement à apprendre encore. La forêt nous ramène à l'essentiel, elle nous rappelle à chaque instant que le progrès ne change rien quant aux besoins vitaux qui sont les nôtres, des besoins qui nous rattachent toujours à l'instant présent, où nous sommes posés en équilibre entre deux éternités, le passé et l'avenir. Et je me dis tout cela en fouillant dans une crotte de gorille pour en retirer des noyaux…

Dans mes aller-retour entre Bambidie, Lelama et la zone que j'explore en forêt, je vois souvent des femmes en train de marcher au bord de la route. Pour des questions de responsabilité, les employés de la CFT n'ont pas le droit de transporter les villageois dans leur voiture. Je suis moi-même lié à la CFT. Pourtant, je fais fi de cette interdiction et propose à deux femmes visiblement épuisées par leur marche de monter dans ma voiture. Si je dois travailler longtemps dans cette région, j'aime autant que les habitants du coin me connaissent. Je pourrais bien avoir besoin de leur aide à mon tour. Leur rendre ce service est peu de chose, mais c'est un soulagement pour elles. La nuit commence à tomber et elles craignent de croiser des éléphants. Même si, d'après la plus âgée, il n'y a jamais eu d'accident. En chemin, elles me racontent qu'elles ont marché plus de vingt kilomètres pour ramasser des fruits, qu'elles nomment « le chocolat ». Ce sont de petites mangues sauvages. De leur noyau, elles retirent l'amande qu'elles font sécher puis griller. Avec, elles confectionnent la sauce odika dite aussi sauce chocolat à cause de sa couleur. Je leur raconte ce que je fais ici, au Gabon, dans leur forêt, mes recherches pour préserver les gorilles. Je les dépose dans leur village. En repartant, elles me saluent en m'appelant « papa gorilles ».

J'apprends quelques jours plus tard que c'est ainsi que m'appellent les villageois, papa gorilles. Je suis à l'évidence connu de beaucoup et mon histoire circule entre les villages. Pourtant, je n'ai guère de chance avec les gorilles ces derniers temps et j'ai l'impression d'usurper mon surnom. Fin janvier approche. Bientôt un mois que je suis à Bambidie, je n'ai pas croisé un seul groupe. Hormis quelques mâles solitaires, je ne vois pas beaucoup nos cousins, y compris avec mes pièges vidéo. À croire qu'ils ne fonctionnent pas. Je suis injuste. L'un d'eux s'est déclenché enfin : sur le film, un éléphant vient renifler cet étrange objet qui porte l'odeur de l'homme. J'ai eu de la chance qu'il ne détruise pas la caméra.

Je ne trouve même pas d'indices de la présence des gorilles. J'ai le sentiment que le groupe que j'avais rencontré ici l'année dernière a été chassé… J'étends la zone de recherche. J'ai déniché une nouvelle piste d'est en ouest, perpendiculaire à celle que j'empruntais jusque-là. J'y découvre des traces de coups de machette. Des chasseurs ont ouvert le chemin il y a quelques semaines. Je sens des odeurs de gorilles, entends les chimpanzés, finis par tomber sur ses derniers. Je me retrouve au beau milieu d'un groupe dont les membres s'invectivent tout en mangeant des fruits. Les forestiers se méfient d'eux sous prétexte qu'ils auraient vu une antilope se faire dépecer par des chimpanzés et le Remplaçant serait tombé dans un guet-apens organisé par ces grands singes…

Janvier touche à sa fin et toujours aucune trace des gorilles. Il me semble parfois les entendre. Je place alors une caméra à proximité de gingembres ou de marantacées, en espérant saisir au moins leur image, mais là encore, rien.

J'ai évoqué un projet d'écotourisme dans la région avec L'Éléphant. J'imagine le développement d'une activité touristique raisonnée, des petits groupes amenés jusqu'ici, en forêt, pour observer les primates comme dans certains parcs nationaux au Rwanda, au Congo, en Ouganda. Une telle activité aurait le double avantage de faire connaître la cause des gorilles du Gabon et de maintenir les chasseurs, et surtout les braconniers, à distance. Ces derniers préfèrent se tenir à l'écart de l'activité humaine. L'Éléphant croit la chose possible. Mais il va partir. Même s'il tente de me rassurer, je n'arrive pas à envisager l'avenir sans L'Éléphant. Lui-même m'avait dit, pendant mon reportage sur les forestiers, que l'équilibre ici reposait le plus souvent sur un homme. Il sait bien que cet homme, c'est lui. Comment ne peut-il pas voir que celui qu'il a désigné pour lui succéder ne sera jamais en mesure de maintenir cet équilibre fragile ?

J'écarte la sombre perspective d'une concession sans L'Éléphant et me concentre sur le présent. J'ai reçu le groupe électrogène acheté pour diffuser des films dans les écoles qui n'ont pas d'électricité. C'est un appareil énorme. Il a fallu s'y mettre à quatre pour le charger à l'arrière de mon pick-up. Il est par ailleurs très bruyant. Il faudra que je stationne mon véhicule assez loin de l'école pour que le bruit ne dérange pas la séance. L'un des films est fourni par le zoo de La Palmyre et montre leurs gorilles. Je vais pouvoir aussi projeter quelques-unes des séquences que j'ai filmées.

En attendant la tournée pédagogique, je dois promener un cadre débarqué de Zurich, le responsable de la communication de la holding suisse qui a racheté la CFT. Il veut voir des gorilles. Je le conduis dans la zone où j'opère habituellement, mais, comme moi depuis mon arrivée, il doit se contenter de chimpanzés. En repartant, sur la route, je sens par la fenêtre l'odeur des gorilles. J'arrête la voiture et, en compagnie de mon Suisse, je m'enfonce doucement dans la forêt. Le mouvement des feuilles des marantacées devant nous trahit la présence des gorilles. C'est un petit groupe. Nous patientons une demi-heure et voyons enfin apparaître une femelle avec un petit sur le dos. Elle me rappelle la femelle que j'avais aperçue au bord de la route il y a quatre ans déjà. Elle traverse la piste, nous regarde puis repart. Peu après, le dos argenté crie, caché dans les feuillages. Mon Suisse est impressionné. Il n'oubliera pas son premier gorille et racontera cette rencontre à son retour. Espérons qu'il sera assez ému pour faire comprendre l'importance de ma démarche à ceux qui siègent à Zurich. Je n'en dis rien, mais, au fond, je l'envie de cette émotion de la première rencontre. Je reste impressionné à chaque nouvelle confrontation avec les gorilles, mais je suis nostalgique de l'émotion si forte ressentie alors, si forte que l'image de cette femelle ne peut s'effacer, aucune autre image ne peut la supplanter dans le panthéon de mes souvenirs. Ce n'est pas la plus belle. Le cadre de cette rencontre n'avait rien d'idyllique, mais elle est si importante ! Elle a changé ma vie.

Février commence et avec lui la tournée pédagogique. J'enregistre les premières histoires de grands singes :

*Une femme avec un bébé va chercher de l'eau à la rivière. Elle pose l'enfant à terre le temps de remplir son bidon. L'enfant pleure puis s'arrête soudain.*

*La mère se retourne et voit une femelle gorille bercer et donner la tétée à son bébé. La femme a peur, crie et lui dit de laisser son enfant. L'animal dépose l'enfant à terre avant de fuir…*

Nous visitons de nombreux villages : N'Dangui, Baposso, N'Dombi, Akieni, Ndecabalengi… En lisant leurs noms dans mes carnets, les villages me reviennent clairement. Chacun amène son lot de visages que je rattache à une histoire racontée devant la caméra, aux éclats de rire des enfants en voyant dans un de mes films les guides en train de se régaler d'un plat de manioc, aux sourires émus de leurs mères devant cette femelle qui, dans le film du zoo de La Palmyre, s'occupe de son bébé avec la même tendresse qu'elles… Partout la même affluence. L'école est ouverte, et viennent s'installer avec les élèves de nombreux adultes intéressés par cette soudaine animation. Des parents, des grands-parents, de jeunes adultes. Les enfants nous accueillent chaleureusement à chaque fois, cependant ce sont les adultes qui posent le plus de questions.

Une seule mésaventure dans cette tournée, à Olounga. En entrant dans le village, Guy-Albert aperçoit le directeur de l'école en train de boire des bières avec deux hommes. Nous nous arrêtons devant l'école. Les enfants sont en récréation. Le directeur arrive, ivre, et nous explique que la journée est terminée. Il n'est pourtant pas midi. Il finit par se souvenir de nous, de notre rendez-vous et nous laisse installer notre matériel. Quand nous commençons la séance, la salle est pleine. Deux braconniers (les deux hommes aperçus à l'entrée du village avec le directeur) sont installés au premier rang. Ils interviennent, racontent des anecdotes de chasse, combien de balles ils utilisent pour tuer un dos argenté. Les films au moins ramènent le silence et émeuvent tout le monde, surtout la mère et son petit. Tout le monde sauf les deux braconniers…

J'ai enregistré d'autres histoires parmi lesquelles certaines, assez incroyables, doivent beaucoup à l'exagération, la déformation et l'imagination. Comme celle-ci :

*C'est la nuit. Un chasseur tombe sur un nid de gorilles. Dans l'obscurité, il entend des grognements. Sans aucun doute, le dos argenté. Il braque sa lampe torche vers l'endroit d'où proviennent ces grognements, mais le mâle attrape la lampe torche avec sa gueule et la broie entre ses dents. Le chasseur, pétrifié de peur, ne bouge pas, reste ainsi, immobile et sans faire de bruit pour ne pas les réveiller. Au petit matin, les gorilles se réveillent et partent, ignorant le chasseur…*
Cette autre histoire me plaît beaucoup aussi :

*Un chasseur tue une femelle et parvient à échapper au dos argenté. Plus tard, il revient chercher sa viande, croyant le grand mâle parti. Grave erreur…*

*Le gorille est toujours là, caché, et l'attend pour se venger. Quand le chasseur s'approche, sans se méfier, le gorille lui attrape la tête et l'écrase violemment au sol. Sa famille le retrouvera à moitié mort. Le braconnier vit aujourd'hui en ville, loin de la forêt. Il est presque chauve et porte sur son crâne l'empreinte de la main vengeresse.*

* * *

Pour finir la mission, j'alterne les journées dans les écoles et celles dans la forêt à chercher les gorilles. Plus la tournée pédagogique avance et plus je suis convaincu de la nécessité de développer une forme de tourisme autour des grands singes. Pas un village, pas une école où les enfants n'aient pas mangé du gorille. Une activité touristique raisonnée qui valoriserait le plus grand des primates permettrait de créer des emplois d'écoguides et d'autres encore dans les transports, la restauration, l'hébergement. Je me souviens des discussions avec L'Éléphant qui voulait installer des élevages de poissons pour engager un développement économique local qui n'était pas directement lié à la forêt. Pourtant, il n'y a rien d'autre à regarder lorsqu'on est en brousse. Si l'on veut permettre aux habitants de s'en sortir sans attendre la manne providentielle des forestiers, il faut s'appuyer sur les richesses de la nature. Et pour cela, il faut bien entendu les préserver.

Et parmi ces richesses, les gorilles, contrairement à ce que laissent croire les histoires recueillies lors de la tournée pédagogique, ne sont pas si nombreux. J'en veux pour preuve la difficulté à les rencontrer depuis le début de cette mission. À croire qu'ils les ont tous mangés. Les camps de braconniers que je découvre ne sont pas pour me rassurer. Chaque fois que j'en trouve un, j'en relève les points sur mon GPS que je transmets à la CFT. Mais que font-ils ensuite ? Les braconniers bénéficient parfois de la complicité des employés. L'Éléphant le soupçonnait déjà il y a deux ans et s'en était ouvert à moi lors de mon reportage. Les pièges à éléphant que nous avions trouvés alors sur la concession étaient confectionnés avec des câbles d'acier appartenant à la compagnie.

Je décide de laisser au repos la zone que j'ai explorée jusque-là. Sans doute la présence de l'homme y est-elle trop importante. Braconniers, forestiers et maintenant moi. Les gorilles sont ailleurs. Inutile d'insister. Je pars avec L'Éléphant visiter une zone dans laquelle il y en a selon lui. Nous marchons en forêt depuis trente minutes quand il commence une crise de paludisme… C'est un vieux baroudeur de l'Afrique arrivé sur ce continent à la fin des années 1960 et, comme tous ceux qui le parcourent depuis longtemps, il a fini par attraper cette maladie. Il en a vu d'autres, dit-il. Il veut continuer, mais bien vite, il est contraint d'abandonner. La crise est trop forte. Fièvre, maux de tête et fatigue s'abattent sur lui. Nous rebroussons chemin.

Le retour est difficile. Son état m'inquiète. Une crise de paludisme est une épreuve pénible qui devient un véritable calvaire lorsqu'il faut marcher dans la forêt tropicale. Si encore L'Éléphant avait ses médicaments avec lui, il aurait pu atténuer cette crise, mais comme tous ceux qui se sentent invincibles, il pèche par excès de confiance. L'Afrique ne pardonne pas les erreurs. Il n'a plus de force et je m'attends à le voir s'effondrer. Nous arrivons enfin à la voiture. Je le ramène chez lui, devant sa porte. Sa femme n'est pas surprise et le prend en charge. Demain, il ira mieux, me dit-elle.

Quelques jours plus tard, c'est avec Christian, un scientifique gabonais qui travaille avec Nature+, que je pars en forêt. Il s'intéresse au *Coula*, un arbre fruitier tropical. Ensemble, nous avons installé des pièges vidéo pour tenter d'identifier les animaux qui se nourrissent de ses fruits.

Avec lui, je suis allé à Lipaka, un village situé à trente kilomètres de Lastoursville, sur la route de Franceville. C'est un village où vivent des Pygmées intégrés à la société gabonaise. D'après Christian, ils auraient gardé leurs traditions de pisteurs. Christian travaille avec eux pour connaître l'utilisation du *Coula* dans leur mode de vie. Il me présente au chef du village et à quelques anciens, leur explique mon travail avec les gorilles et leur fait part de mon besoin d'un pisteur efficace. On me présente un homme âgé d'une soixantaine d'années et qui serait d'accord pour être mon guide… Je lui trouve une bonne tête. Il s'appelle François et je suis prêt à faire un essai avec lui. Je dois repartir en brousse dans une dizaine de jours. Ce serait l'occasion.

En attendant cette nouvelle incursion en forêt, je repasse dans ma zone habituelle, mais constate que des bulldozers sont à l'œuvre et ouvrent des pistes d'exploitation. Cette zone qui m'avait tant offert lors de la mission précédente est perdue. J'en suis accablé. Je me rabats sur le coin que voulait me montrer L'Éléphant le jour où il a fait sa crise de paludisme. En arrivant dans la clairière, j'aperçois un sitatunga, antilope qui apprécie particulièrement les zones humides. C'est une femelle. Son pelage est roux rayé de blanc. Le mâle a un pelage moins lumineux, qui tire davantage sur le brun. Elle est en train de brouter des herbes aquatiques, les pattes dans l'eau, avance gracile et délicate. Tandis que je la filme, sans bruit pour ne pas l'effrayer, j'entends au loin le vacarme d'un groupe de chimpanzés. Ils viennent vers nous. Impossible de se tromper. Dans ce cas du moins. Il m'est arrivé de confondre un gros chimpanzé calme et solitaire avec un gorille. Au milieu de la végétation, l'observation n'est pas toujours facile… Les chimpanzés approchent de la clairière et font fuir le sitatunga. Je continue de filmer. J'aperçois un gros mâle, un deuxième, puis un troisième. Tout le groupe est là, installé dans les arbres au bord de la clairière. Les chimpanzés s'assurent que l'endroit est sûr, puis descendent se nourrir des mêmes herbes qui faisaient tout à l'heure le délice du sitatunga. Filmer des gorilles dans cette situation aurait été formidable, mais je ne boude pas ma chance : je sais que ce genre d'images est rare.

Février avance et je poursuis mes incursions en forêt. En solitaire. J'ai abandonné l'idée de partir avec un guide. Pure perte à mon avis. Depuis ma visite de la clairière de L'Éléphant, je suis convaincu qu'il me faut trouver un endroit calme comme celui-ci où viendraient les gorilles. Les attendre sans bruit au lieu de les chercher. Ce serait le seul moyen de développer une activité touristique autour du gorille. Il n'est pas pensable de promener un groupe en forêt pendant des heures en espérant une rencontre avec les grands primates. Je m'en suis ouvert à L'Éléphant. Il connaît un pilote qui travaille plus à l'est, au Congo. Il serait possible d'effectuer un survol de la forêt avec lui et trouver ainsi une clairière propice à l'observation. Cette perspective me remplit d'espoir et je retrouve l'énergie de mes premières expéditions, si vives dans mes souvenirs et si loitaines déjà. Trois ans depuis celle effectuée en compagnie d'Alex. Une éternité en brousse, où rien ne bouge, mais où tout change très vite, sous l'effet du climat qui fait croître la flore, rouiller les engins et use les hommes.

Je retourne dans ma zone habituelle de travail. Depuis plus de huit jours, aucune trace fraîche de gorille. Pas un nid, pas de restes de repas, rien. Je n'ai pas le moral. Je marche depuis le matin et m'arrête enfin en milieu d'après-midi pour manger quelques gousses de gingembre sauvage. Je savoure ce fruit rouge aux allures de pomme de pin et à la saveur à la fois sucrée et poivrée. Il s'agit d'une fleur en bouton qui s'ouvrira bientôt. Tandis que je mastique, perdu dans mes pensées, j'entends marcher à quelques mètres. Le pas est discret mais pas l'odeur. Je m'accroupis et j'attends de longues minutes. L'odeur s'estompe. Le gorille s'éloigne. Je me lève sans bruit pour le suivre mais, juste devant moi, une grosse masse s'enfuit brusquement. Il était là, tout près, et m'observait depuis le début. Je m'assois à nouveau. J'épluche et mange bruyamment du gingembre pour le rassurer. Ça marche ! L'odeur s'accentue et j'entends des branches se casser sous ses pas. Il revient. Je reste là une vingtaine de minutes pour être sûr qu'il m'identifie comme un « animal » inoffensif. Comme il commence à faire sombre, je laisse ce gorille solitaire préparer son nid pour la nuit. Je sors revigoré de la forêt. J'ai le sentiment que la chance me sourit enfin.

J'en ai la confirmation dès le lendemain. Dès le début de la journée, je tombe sur des traces fraîches. Un groupe. Je suis les traces, discrètement et trouve les gorilles cinq cents mètres plus loin. J'entends d'abord les grognements du dos argenté. Ils sont au moins six. J'aperçois une jeune femelle dans un parasolier. Elle casse des branches pour en cueillir les fruits. Elle me voit elle aussi, mais reste calme. Je la filme pendant une vingtaine de minutes. Le groupe progresse lentement en se nourrissant de gingembre sauvage et de fruits. J'attire leur attention en faisant semblant de manger des marantacées. Il ne se passe pas longtemps avant qu'une tête n'apparaisse entre deux arbres pour m'observer. L'un des gorilles se frappe la poitrine, puis vient le dos argenté. Il me regarde. Je ne bouge pas, continue mon simulacre. Mon cœur s'emballe. Il repart en rugissant. Il s'arrête et m'observe encore. À plusieurs reprises, il me lance un cri menaçant. Je reste imperturbable. Le groupe finit par s'éloigner. Je ne cherche pas à les suivre. Je connais les limites à ne pas dépasser. Ma montre affiche 14 h 30. Je les ai suivis pendant plus de cinq heures. Je ne vois pas le temps passer en leur compagnie.

Malheureusement, les gorilles ne sont pas seuls en forêt. Ne vous méprenez pas, je prends plaisir à rencontrer les animaux qui me surprennent au détour d'un bosquet, qui souvent passent au loin, traversent la piste, s'arrêtant parfois un instant pour m'observer. Éléphants, buffles, potamochères, panthères, serpents, chimpanzés, sitatungas… Autant d'animaux exotiques que je ne connaissais que par les livres et qui me sont devenus familiers, qui font partie de mon quotidien africain. Je filme et photographie avec le même intérêt ces animaux et les gorilles. Mais la forêt est salie par la présence des braconniers. J'ai découvert un de leurs camps, délaissé. Peut-être étaient-ils partis vendre la viande des animaux abattus jusque-là. J'y suis revenu quelques jours après. Le camp était occupé de nouveau, du sang frais au sol. Je me suis signalé. Faire connaissance plutôt que fuir. Mais le seul braconnier présent s'est caché dans la forêt quand il m'a entendu, n'est jamais réapparu malgré mes appels qui se voulaient rassurants. Je ne dors plus en forêt à présent, rentre chaque soir à Bambidie ou Lelama.

Comment changer les comportements ? Comment convaincre de ne plus manger les espèces menacées ? J'ai discuté avec Emmanuel, le cuisinier de L'Éléphant. Il m'a expliqué que traditionnellement les Gabonais ne mangeaient pas les grands singes et que les anciens des villages étaient garants de cette coutume. Les nouvelles générations n'ont pas les mêmes valeurs. Pour eux toutes les viandes de brousse sont bonnes à manger :

chimpanzés, panthères, gorilles… Il m'a dit que dans son village, ils étaient restés fidèles à la tradition. Les hommes chassent au filet et essaient de gérer la faune. Pour certaines fêtes tribales, ils peuvent capturer jusqu'à six cents bêtes, mais ils laissent ensuite la zone tranquille pendant dix ans. Pour comprendre le Gabon et certainement l'Afrique, il faut connaître le fonctionnement des villages.

Dans ceux où je suis passé avec Guy-Albert pour rencontrer les élèves, les habitants consommaient de la viande de singe. Un représentant des parents d'élèves par ailleurs chasseur qui assistait à la projection du film m'a affirmé que les gorilles étaient surtout tués par peur. Ensuite, une fois la bête abattue, on se partage la viande… Il faudrait que je leur montre des images de gorilles habitués, paisibles. Le directeur de l'école m'a suggéré de réaliser un fascicule sur le comportement à tenir quand on les croise en forêt. C'est une très bonne idée ! Cela pourrait éviter bien des drames, chez les hommes comme chez les gorilles.

* * *

L'Éléphant m'a obtenu un rendez-vous avec un aviateur qu'il connaît. Nous devons nous retrouver sur la piste d'atterrissage de Bambidie, aménagée par la CFT. C'est un aménagement sommaire, en terre, comme on en voit dans les films d'aventures.

J'attends, scrutant l'horizon au-dessus des arbres, espérant l'apparition de l'avion. L'Éléphant est avec moi. Il m'indique l'endroit dans le ciel où apparaîtra l'appareil. C'est une drôle d'impression que d'être en brousse, et de voir venir au loin un minuscule avion, qui opère sa rotation d'approche, vient se positionner au droit de la piste et se pose rien que pour vous. Je deviens soudain un héros de cinéma. J'ai le sentiment de jouer un rôle tant cette situation est éloignée de mon quotidien.

Nous avons survolé la zone dans laquelle j'opère habituellement, sans succès. L'Éléphant me montre les pistes, m'aide à me repérer. La forêt que je connais au sol ne ressemble pas à celle qui s'étend sous nos ailes. À quatre cents mètres de mon périmètre, nous finissons par repérer une clairière. Je note son emplacement, prends quelques photos qui, une fois revenu au sol, ne me serviront probablement pas. Nous revenons nous poser à Bambidie et je suis soulagé de poser le pied à terre. Voler dans ce petit appareil m'a donné la nausée. Dans les films, les héros n'ont pas le mal de l'air…

Dès le lendemain, je pars à la recherche de cette clairière vue du ciel. Je ne dois pas tarder. La mission avance et entre dans son dernier tiers. J'ai pourtant l'impression d'être là depuis quelques jours seulement.

J'entre en forêt et avance en direction de l'endroit où se trouve la clairière. Je dois ouvrir un chemin.

Personne n'est passé par là depuis longtemps, peut-être jamais. Je ne sais pas si cette portion de forêt a été exploitée par la CFT jusque-là. À la machette, je trace une piste à travers de grandes fougères, bien trop denses pour en venir à bout avec mon sécateur. Peu importe si je fais du bruit, mon but aujourd'hui est de trouver cette trouée dans les arbres, pas de rencontrer des gorilles. Quatre cents mètres en forêt ne sont pas une petite distance, mais je ne ménage pas mes efforts, progresse sûrement, vérifiant que je ne perds pas mon azimut. Je trouve une entrée vers la clairière, non sans difficulté. La végétation est dense tout autour. Le terrain est gorgé d'eau, vaste et la végétation est trop haute pour voir les animaux. Je trouve quelques traces de gorilles cependant. Une crotte fraîche, des empreintes le long d'un ruisseau, un arbre tombé qui leur sert de pont probablement. Il y a beaucoup d'insectes. Tout cela est encourageant et je quitte l'endroit en me disant que j'y reviendrai tôt le matin pour avoir plus de chance de voir des gorilles. Mon anniversaire est dans huit jours, mais avec cette clairière, la forêt m'a déjà fait un très beau cadeau.

Je cherche un chemin pour y accéder plus facilement. J'ai trouvé une piste qui la longe. J'entends quelques bruits d'animaux que je ne parviens pas à identifier, mais pas d'indices de présence de gorilles. Je contourne la clairière, croise un groupe de chimpanzés. Il y a des empreintes de grands singes sur le côté d'un ruisseau. Mangent-ils de la terre, comme le font les éléphants dans les salines qui remuent le fond pour en recueillir les sels minéraux ? J'installerai un piège vidéo pour en avoir le cœur net.

Je retourne dans ma zone, celle de N'Dambi malgré la présence de l'équipe d'inventaire. Je dois me rendre à l'évidence. Impossible de travailler en leur présence. Une campagne de coupe est prévue cette année… Les gorilles fuiront alors. À cinq cents mètres de là, je découvre une nouvelle piste. J'y trouve des marantacées et des gingembres parmi lesquels des gorilles sont venus se nourrir récemment. Il y a aussi des chimpanzés. Je m'arrête à la mi-journée pour déjeuner. Tandis que je mange, je sens une présence derrière moi. Le chimpanzé qui m'observe depuis le début de mon repas sans doute déguerpit quand je tourne la tête vers lui.

Je reviens dès le lendemain sur cette piste. Je marche depuis une heure, quand j'entends un grognement. Il ne m'est pas destiné, je ne fais pas de bruit. Un dos argenté gronde l'un des membres de son groupe. J'avance. Dans les marantacées, je distingue une grosse masse noire. Les gorilles marchent au milieu de la piste. Ils mangent des fruits. Je suis assis par terre et j'attends. L'objectif de ma caméra est plein de condensation. Le grand mâle me voit. Il rugit une fois et se réfugie dans la végétation. Tout en s'approchant de moi, bien caché dans les marantacées, il aboie régulièrement. Il est à cinq mètres. Je vois le haut de son crâne. Un curieux montre sa tête. Fichue humidité qui m'empêche de filmer tout cela. Le groupe ne fuit pas. Le mâle crie de temps en temps en se frappant le torse. Puis ils finissent par ne plus me prêter attention, reprennent leur quête de nourriture, s'éloignant sans hâte dans la forêt. Cette rencontre a duré une heure. J'en souris de satisfaction.

Je reste là pour ma pause déjeuner, comme pour prolonger ce moment, puis repars sur la piste couverte de feuilles mortes séchées par le soleil. Impossible de marcher sans bruit. Des chimpanzés sont devant moi. Je m'accroupis et j'attends. Des craquements se rapprochent. Ce ne sont pas des chimpanzés, mais les gorilles qui reviennent… Cette fois, le dos argenté gronde plus fort. Ma présence le dérange. Un jeune grimpe sur un petit arbre pour me voir, mais le mâle n'a pas envie de jouer et après quelques hurlements pour me signifier de ne pas bouger, le groupe passe près de moi, dans la végétation, et poursuit sa route. J'espère les retrouver bientôt, ne pas rester sur cette note négative. Cette piste est décidément très prometteuse.

Quand j'y retourne quelques jours plus tard, je tombe rapidement sur les chimpanzés. Dans un arbre, une mère et son petit qui me regardent. La mère saisit son bébé et descend rapidement le long du tronc en glissant tel un pompier sur son poteau qui part en intervention. Je poursuis mon chemin et aperçois dans un arbre le dos d'un gorille. Je filme, prends quelques photos pendant qu'il mange les fruits d'un *Dialium*. Le soir, de retour au camp, je regarde les images. C'est une femelle avec une plaie énorme dans le dos. Peut-être une morsure ou un coup de machette. Elle chasse en permanence les mouches qui viennent s'y poser. Cette vision m'attriste et gâche le plaisir de cette journée. Elle me rappelle aussi le chemin à parcourir pour préserver les gorilles.

J'entre dans la dernière ligne droite de la mission. Il y a un endroit que j'aimerais explorer avant mon départ. C'est une saline du côté de Milolé que m'a signalée Olivier, un employé de la CFT. Elle se situe dans une zone dont l'exploitation s'est achevée en 2005. Cette partie de la concession m'est inconnue. Par où commencer quand on ne connaît pas le terrain ? J'explore d'abord les anciennes pistes de saison sèche, les moins larges. Celles des saisons des pluies sont plus ouvertes pour favoriser l'évaporation.

La première me semble favorable à la présence des gorilles. Il y a des marantacées et je découvre très vite des nids. À travers la forêt, un gros animal se déplace et vient vers moi. J'allume ma caméra et m'accroupis, un peu nerveux. C'est un éléphant.

Il passe sans me voir, renifle les odeurs que j'ai laissées sur mon passage, puis disparaît dans la forêt.

Je suis une autre piste. Là aussi, la nourriture est abondante. Il y a des gingembres partout, mais pas un seul gorille. Les mouches filaires ne manquent pas en revanche. Elles me harcèlent, piquent et sucent le sang. Certaines sont infectées et injectent un parasite, un ver blanc qui se balade ensuite dans l'organisme. Presque tous ceux qui travaillent en forêt sont porteurs de ce parasite.

Le soir, je suis invité chez Olivier. Il est le seul chef de chantier gabonais à la CFT. J'ai refusé poliment la chambre qu'il m'avait préparée et nettoyée au gas-oil… Il n'y a pas plus efficace contre les blattes. Je préfère dormir dans ma voiture.

Le lendemain, je me rends à la saline. En bordure de celle-ci, les forestiers ont construit une plate-forme pour venir observer les éléphants le week-end. Je m'y installe pour la nuit, il est déjà 19 heures. Deux éléphants viennent faire leurs ablutions. J'écris dans mon carnet le résumé de la journée en admirant le spectacle. Une journée riche en indices : gingembre grignoté et nombreux nids. Le groupe qui évolue dans le coin compte une vingtaine de membres, je pense. Mais je n'en ai vu aucun.

Le jour suivant, je fais un dernier tour sur la piste à gingembre avant de partir pour la clairière découverte en avion. Dans un arbre, un gorille, enfin. Il m'aperçoit et commence son rituel d'intimidation, se frappe la poitrine, secoue de grosses branches. Un dos argenté est juste devant moi caché dans les marantacées et m'observe. Les gorilles sont bien présents à Milolé, mais pas faciles à observer.

Dès mon arrivée à la grande clairière, je vois les herbes bouger… Ils sont là. Tout est calme. J'en tremble d'émotion. Le dos argenté ronronne, caché dans la végétation. Une femelle et des gorilles juvéniles dégustent des tiges d'herbes à proximité. Le groupe part à la mi-journée. J'attends, assis sur la piste. Je suis vite repéré par un jeune qui se frappe la poitrine. Plusieurs gorilles apparaissent à travers la végétation épaisse. Le dos argenté gronde, mais s'éloigne, ne charge pas. Il semble dans de bonnes dispositions. L'endroit est reculé, difficile d'accès. Ces gorilles sont peu dérangés par les hommes. Ma présence ne les inquiète pas. Nous restons ensemble pendant trente minutes, puis repartons, chacun de son côté.

Sur le retour, il me semble entendre des gorilles à nouveau. J'aperçois le gris d'un dos argenté. Il fait demi-tour. Quelques secondes après, un éléphant est face à moi, accompagné d'un éléphanteau. Je bats en retraite, les pachydermes font de même, et je mesure tout ce que j'ai à apprendre encore. Confondre un éléphant et un gorille…

J'ai le sentiment d'avoir découvert un monde, meilleur bien sûr. Quelle journée extraordinaire !

J'ai observé plusieurs zones durant cette mission. Avec sa nourriture abondante, Milolé me semble un endroit adapté à l'habituation des gorilles. Ceux de N'Dambi devront être laissés au repos quelques années après la campagne de coupe de la CFT. Après l'ouverture des premières pistes, ils se font déjà rares. Début mars, j'avais posé un piège vidéo près de gingembres sauvages. C'était la première fois que j'en voyais autant et je m'étais dit qu'il n'était pas possible que les gorilles ignorent un tel garde-manger. Je suis revenu quelques semaines plus tard. La caméra était vide et les gingembres intacts. Et puis il y a cette clairière découverte depuis l'avion avec L'Éléphant. Un havre de paix, coupé du reste du monde et de l'humanité. Avant de rentrer en France, j'y retourne une dernière fois en compagnie d'un étudiant de l'université de Liège que m'a imposé le remplaçant de L'Éléphant. Ce dernier a fait ses études dans cette université et tient à entretenir de bonnes relations avec l'institution qui l'a formé. Que cet étudiant me dérange dans mon travail l'intéresse peu. Il pense à lui avant tout.

Sur place, les hautes herbes rendent difficile l'observation depuis le sol. Parfois une tête dépasse. Un gorille me repère, donne l'alerte, et le groupe fuit dans la forêt. Les singes se savent vulnérables à découvert. Au moindre cri, mouvement d'inquiétude d'un membre du groupe, le dos argenté sonne la fin de la récréation. Pour voir sans être vu, il faut installer un poste d'observation en hauteur. Mais comment procéder ? Ici les arbres mesurent vingt à trente mètres de haut. Ils n'ont pas de branches basses comme ceux de mon enfance dans lesquels je grimpais pour déguster les fruits ou construire des cabanes. Il faut que je trouve un système, quelque chose de léger, et de confortable, car j'y passerai du temps, des journées entières, des nuits aussi. Je vais enfin vivre en forêt, dans les arbres, comme les singes qui me fascinent.

Pour l'heure, je dois gagner Libreville. Et de là, Paris, où je serai dans deux jours. Un autre monde. De passage seulement. J'ai appelé Monique, ma compagne, mon premier soutien dans cette entreprise de sauvegarde des gorilles, pour qu'elle nous loue une maison loin de la ville. Je ne peux pas passer de la brousse au 10e arrondissement sans transition. Dès mon arrivée, nous partirons en Bretagne.

# Expédition V :
# Un château dans les arbres

Bambidie, juillet-septembre 2010

J'arrive au Gabon fin juillet. C'est la première fois que je vais explorer la forêt pendant la saison sèche. La première fois que je reviens aussi vite après la mission précédente. Moins de quatre mois se sont écoulés depuis mon départ de Libreville au printemps dernier. Le sentiment d'appartenir à ce territoire, de devoir y jouer un rôle se renforce. Le Gabon est un pays en plein essor, un eldorado avec son pétrole, l'or noir, et ses forêts, l'or vert. Sans oublier les ressources minières. Le pays détient des réserves de manganèse, d'or, de fer en abondance et a déjà délivré de nombreuses licences de prospection aux industriels. L'exploitation de ces ressources ne tardera pas, entraînant son lot de destructions de l'environnement. Le sous-sol gabonais renfermerait aussi du niobium, du tantale, de l'uranium, du cuivre, du zinc, des terres rares… Dans un pays recouvert à 85 % par la forêt, les conséquences de ce développement seront irréversibles sur la faune et sur la flore. On peut imaginer une exploitation forestière respectueuse de la nature. L'exercice est impossible avec l'activité minière. Que deviendront les éléphants si les forêts sont morcelées ? Le plus grand animal terrestre ne pourra pas se contenter de passer de bosquet en bosquet en évitant les énormes camions chargés de minerai qui sillonneront les routes. Et les gorilles, les chimpanzés, les panthères, les crocodiles, les buffles, les potamochères, les sitatungas, les mambas verts, les perroquets… Agir pour les protéger est primordial. Commencer par ceux qui figurent sur la liste des espèces en danger, nos cousins les gorilles, est urgent.

* * *

Dès mon arrivée à Bambidie, je file sans tarder du côté de N'Dambi, où les forestiers vont intervenir en début d'année prochaine. L'accès en est facile. La clairière se trouve aussi dans cette zone, mais elle est moins accessible. Il faut une bonne demi-heure de marche pour s'y rendre. Pourtant, elle n'est qu'à un kilomètre de la piste principale qui traverse la concession.

J'entre dans la forêt. Comme à chaque fois, je crains d'avoir perdu mes sens. Je prends la piste de la fourche (comme je l'ai baptisée pour me repérer). Il y a des marantacées en grande quantité. Je trouve des restes de repas de gorilles tout le long du chemin.

Certains datent de quelques heures, d'autres de plusieurs semaines.

Je marche lentement pour écouter tous les bruits. À quelques mètres, j'aperçois un céphalophe, petite antilope des forêts, qui broute tranquillement. Première rencontre avec la faune sauvage de cette mission. Un peu plus loin, j'entends un animal imposant se déplacer rapidement dans ma direction. Je m'assois et j'attends. Me parviennent des craquements, des bruits de plantes que l'on arrache. Pas de doute, ce sont des gorilles, et ils sont pressés. Je me dirige vers eux, trop tard… Mais je suis rassuré. La présence concomitante des braconniers et des forestiers dans le coin m'avait rendu pessimiste au printemps passé. Je me suis peut-être trompé. Je note sur mon carnet les coordonnées GPS de cette rencontre. C'est une habitude depuis la mission précédente. Répertorier tous les points de rencontre, toutes les traces (crottes, nourriture, nids, empreintes) est primordial si l'on veut connaître la répartition des gorilles sur le territoire et définir le lieu le plus favorable au développement d'un écotourisme autour de cet animal.

Gérôme, un cadre de la CFT, m'apprend qu'un ouvrier a été attaqué par un dos argenté il y a quelques jours. C'est le troisième en trois mois… L'homme a été mordu au mollet ; neuf points de suture. C'est une blessure sérieuse, mais un moindre mal selon moi. J'ai récolté de nombreuses histoires de confrontations qui ont mal fini. Les estropiés concluent souvent ces récits. Jamais de mort. Le gorille ne s'acharne pas sur une victime à terre, contrairement à l'éléphant. J'ai posé quelques questions aux témoins de l'agression. Les ouvriers qui étaient là ont paniqué devant un solitaire : ils ont crié en agitant les bras pour effrayer le primate puis ils ont fui… Une attitude qui ne peut qu'accentuer le sentiment de danger chez lui et provoquer son attaque. Je conviens avec Gérôme d'une visite aux travailleurs sur le terrain pour leur enseigner les bonnes postures. Les images des charges que j'ai pu filmer, comme celle d'habituation au Rwanda, me seront utiles. Il me faudra interviewer toutes les victimes. Peut-être s'agit-il du même animal pour chacun. Un mâle qui se venge de l'assassinat de sa famille par des braconniers…

Dès le lendemain, je me rends avec Gérôme à Milolé pour suivre les traces de ce gorille. Les deux victimes sont un boussolier et un machetteur qui travaillaient au tracé des futures pistes d'exploitation. Celui qui est sorti indemne de l'agression nous accompagne. Il me confirme non seulement le récit, mais démontre sans le vouloir la bonne attitude à adopter dans cette situation. Quand lui et son collègue se sont trouvés face à la bête, ils ont paniqué et pris la fuite. Celui qui me raconte l'histoire a eu la chance de trébucher et de s'étaler au sol.

Le gorille lui est passé dessus, mais l'a ignoré, se concentrant sur son collègue qui courait toujours. Tous les trois, nous entrons en forêt. Il y a très peu de marantacées, mais nous trouvons une empreinte de la main droite du grand singe incriminé. Nous marchons plus de quatre heures sans voir ni entendre un indice de sa présence.

En fin d'après-midi, je rencontre les travailleurs dans leur camp. Comme je m'y attendais, les témoignages sont imprécis, déformés par la peur. Les films que je projette font leur effet, surtout celui de la charge. J'en profite pour prodiguer quelques conseils, dicter la bonne attitude face aux gorilles. Je termine par un petit exposé sur les opportunités touristiques et économiques qu'ils représentent et dont pourraient bénéficier les habitants de la région. La plupart des travailleurs viennent des villages environnants. J'espère qu'ils auront assez de sang-froid lors de la prochaine rencontre. Moins il y aura d'incidents, et plus les chances de voir mon projet aboutir seront grandes.

* * *

Enfin, je me rends à la clairière. Depuis ma dernière visite, j'ai trouvé le moyen d'installer un poste d'observation en hauteur. Je me suis inspiré des cordistes. Leur technique, leur matériel pour monter sur les monuments pour en assurer l'entretien correspondent à ce dont j'ai besoin pour m'installer dans les branches. *Au Vieux Campeur*, un ensemble de boutiques spécialisées caché dans le 5e arrondissement de Paris et bien connu des amateurs de randonnées, d'alpinisme, de ski, de trek et autres sports qui offrent autant d'occasions de s'immerger dans la nature, j'ai acheté soixante mètres de corde, un harnais, des mousquetons et, sur les conseils du vendeur, un assureur descendeur de chez Petzl. Pour le poste d'observation, j'ai trouvé mon bonheur en ligne : un hamac avec moustiquaire intégrée. Le site précisait qu'il était utilisé par les soldats de l'armée de terre. Enfin, pour projeter la corde par-dessus des branches à plus de vingt mètres de hauteur, j'ai acheté un *bigshot*, une sorte de lance-pierre déniché dans un catalogue de matériel pour arboristes. Ainsi équipé, je sens qu'une intimité nouvelle, plus forte, avec la forêt est possible.

En me rendant à la clairière, je rencontre une harde de potamochères qui fouillent la terre en grognant. Plus loin, j'entends des gorilles qui croisent mon chemin, mais je ne les vois pas. Arrivé à destination, je trouve des crottes fraîches. Le groupe que j'ai croisé tout à l'heure était là ce matin.

De l'autre côté de la clairière, je repère un arbre pour mon poste d'observation. Je traverse droit devant pour gagner du temps et installer mon matériel au plus vite. Le sol est spongieux et je m'enfonce parfois jusqu'à la taille. Faire le tour aurait été plus judicieux... L'arbre est plus haut que je ne le pensais, et ma technique n'est pas au point. Viser aussi haut avec le lanceur n'est pas simple. Il faudra trouver un arbre plus petit. J'ai hâte de passer la nuit sur place pour surprendre les gorilles au petit matin.

Dès le jour suivant, je trouve le bon arbre et réussis à passer la corde au-dessus d'une branche haute. L'emplacement n'est pas parfait, mais je pourrai y accrocher mon hamac. Pour l'instant, je me contente de rester suspendu dans un harnais. La sensation est agréable. J'ai l'impression de faire partie du paysage.

Je dois quitter la clairière durant une journée. J'ai promis à Gérôme d'aller sensibiliser les équipes de l'inventaire. Elles sont en première ligne face aux gorilles et, pour l'heure, se trouvent à l'est du pays, à vingt kilomètres de la frontière congolaise. Trois heures de pistes défoncées. Nous partons en milieu d'après-midi et arrivons à la nuit tombée, vers 19 heures.

Les ouvriers nous attendent. Ils sont nombreux, une trentaine dans la lueur des phares, espérant notre arrivée comme celle d'un cinéma itinérant. Leur camp se trouve près de la piste. Nous nous installons dans un espace suffisamment dégagé pour que les spectateurs puissent s'asseoir face à l'écran. Grâce au groupe électrogène, je projette mes films sur les gorilles en pleine forêt tropicale. Il y a quelque chose de surréaliste dans cette situation. Peut-être sont-ils là, me dis-je, qui dorment paisiblement non loin, dans leurs nids soigneusement préparés, se demandant d'où vient cette clameur soudaine quand sur l'écran apparaissent les images du dos argenté qui charge et s'arrête à quelques mètres de moi. Les images d'habituation avec des Africains prouvent qu'ils ne sont pas systématiquement attaqués comme les gars le croyaient jusque-là. Ils sont surpris et intéressés de voir des gorilles sous un nouveau jour. Chaque idée reçue que je parviens à démonter est une petite victoire.

Nous rentrons avec le sentiment d'avoir accompli notre mission. Gérôme me confirme qu'il est important de montrer de l'attention envers les travailleurs. Je ne suis pas sûr que les gorilles comptent beaucoup pour lui. L'équipe que nous venons de rencontrer débute l'inventaire et il fallait les rassurer. Elle va s'enfoncer dans la forêt, profondément, loin des pistes. Les hommes transporteront leur matériel de travail, la nourriture, une bâche pour dormir à l'abri de la pluie et la toile de leur lit picot. La toile seulement sans l'armature métallique, pour voyager plus léger, préférant tailler des branches pour la tendre.

Au retour, Gérôme m'apprend que Bambidie va s'agrandir. La construction d'une scierie est planifiée, conséquence de la décision gouvernementale d'interdire l'exportation des grumes. Les bois doivent désormais être traités au Gabon avant de sortir du territoire. Huit cents emplois seront ainsi créés. C'est une bonne chose pour les habitants de la région, mais je ne peux m'empêcher de penser que cette activité supplémentaire va rendre plus difficile la préservation de l'environnement.

Il est plus d'une heure du matin lorsque nous arrivons à Bambidie, mais le remplaçant de L'Éléphant est là qui nous attend pour nous passer un savon. C'est lui le responsable désormais, y compris en cas d'accident. Prendre la route de nuit était imprudent selon lui. Les routes gabonaises, avec les grumiers qui circulent de nuit malgré l'interdiction, sont parmi les plus dangereuses de la planète. Je le laisse à sa colère qui cache moins une réelle inquiétude qu'un besoin de nous signifier qu'il est le chef. Je n'ai qu'une envie : dormir.

J'ai réussi à arrimer mon hamac dans l'arbre. Ce modèle est peut-être utilisé par l'armée française, mais il est fabriqué en Chine et pas très stable. Impossible de s'y allonger. Je ne suis pas rassuré à l'idée de passer la nuit suspendu là-dedans à vingt-cinq mètres de hauteur. Un mauvais mouvement durant le sommeil pourrait bien me précipiter dans le vide. Il me faudra trouver une autre solution pour dormir. Je préfère m'en servir comme d'une sellette pendant la journée. C'est un poste d'observation très confortable.

Dès la première utilisation, je reçois la visite d'un dos argenté. Il est à deux cents mètres de moi, dans la clairière, et mange la tige des grandes herbes qui poussent là. Prendre de la hauteur permet d'observer des gorilles qui seraient invisibles, cachés par la végétation, si j'étais resté au sol. Le groupe rejoint le dos argenté. Trois jeunes et une femelle qui apparaissent de temps en temps entre deux touffes de plantes dont ils se nourrissent. De mon perchoir, sans que jamais ils ne soupçonnent ma présence, je les observe pendant plus d'une heure avant qu'ils ne repartent.

Je reste à mon poste, espérant l'arrivée d'autres gorilles. J'irai plus tard relever les traces laissées par ces premiers visiteurs de la journée. Descendre maintenant serait prendre le risque d'être repéré par un groupe à l'approche. Aussi, lorsque l'envie d'uriner me vient, je préfère me soulager depuis mon hamac, le plus discrètement possible. C'est la première fois que je fais cela d'aussi haut, et comme un gamin, j'en rigole tout seul, tout en craignant d'être surpris. Pas par des adultes qui me gronderaient, mais par des gorilles, qui s'enfuiraient. Mon affaire terminée, je reprends l'observation, sans bruit.

Il ne faut pas très longtemps avant qu'elles ne viennent jusqu'à moi. Sans doute ont-elles été attirées par l'odeur inhabituelle. Des mouches, bien sûr, mais surtout des abeilles. Pas quelques-unes, agaçantes certes, mais tout à fait supportables, comme on peut en rencontrer l'été dans nos campagnes. Les mouches et les abeilles que l'on trouve en France sont des douceurs à côté de celles qui par milliers, en un nuage dense et bruyant, montent du sol jusqu'à mon hamac comme si le chemin suivi, dans sa chute, par mon urine était clairement signalé. Il l'est pour elles en tout cas. Et ces mouches, ces abeilles piquent, rendent ma position intenable. Erreur de débutant…

Bien vite, je descends de mon arbre et pars relever les traces des gorilles observés en début de journée. Sur le chemin j'en croise d'autres qui longent la clairière dans la forêt. Je m'assois et essaie quelques interactions sonores, des claquements de langue sur le palais. Le dos argenté est là, je l'entends se déplacer, il ne dit rien. J'aperçois sa famille qui me regarde entre les arbres, deux femelles avec chacune un petit sur le dos. Ils sont méfiants, mais ne fuient pas. Au bout d'une demi-heure, le dos argenté poursuit tranquillement son chemin. J'espère qu'ils se souviendront de moi lors de notre prochaine rencontre.

Peu après le départ des premiers gorilles, j'ai entendu le cri d'un dos argenté. Peut-être les deux groupes se sont-ils croisés. Je prélèverai des crottes pour faire des analyses génétiques. Cela permettra de connaître leur nombre, leurs liens de parenté, et aussi ce qu'ils mangent en cette période sèche où les fruits sont plus rares.

Quand je reviens le lendemain, les mouches sont toujours là, à l'aplomb de mon hamac. Je suis obligé de changer d'arbre, de déplacer tout mon matériel.

Très vite, s'installe une routine. Mes journées se suivent et se ressemblent, sans jamais me lasser pourtant. Avant même le lever du soleil, je quitte Bambidie. Une demi-heure de voiture. Ensuite, je marche dans la forêt pendant une demi-heure pour rejoindre la clairière. Une heure de porte à porte, diraient les Parisiens. J'essaie d'arriver le plus tôt possible pour multiplier mes chances de voir les gorilles. Quand ils sont là, je les observe du haut de mon perchoir, note les heures auxquelles ils viennent, le nombre d'individus présents. Je les filme, les photographie, note leur comportement. À la mi-journée, je descends pour aller à l'endroit où se trouvaient les gorilles quelques instants auparavant, je note la position GPS, relève leurs traces, fais quelques prélèvements de crottes. En milieu d'après-midi, je rentre à Bambidie, y arrive un peu avant le coucher du soleil. Rouler de nuit est toujours un risque. Les grumiers n'ont pas droit de circuler après 19 heures, mais certains circulent encore en quête d'un endroit sûr où s'arrêter pour la nuit. Je n'aime pas les croiser de jour, je redoute carrément d'en rencontrer un dans l'obscurité au détour d'un virage et de terminer ma course dans le décor. Les récits d'accidents entre chien et loup sont nombreux. Sur ce point, je dois admettre que le remplaçant de L'Éléphant a raison.

Il m'arrive de passer des journées entières sans voir les gorilles. Seuls quelques potamochères viennent égayer mes heures passées à la clairière. Je ne peux pas me plaindre. C'est un spectacle réjouissant. Mais ils ne tarderont pas à se raréfier eux aussi sous les coups de fusil des chasseurs. Les buffles et les éléphants ont presque disparu. C'est une mécanique implacable. La population humaine augmente et celle des animaux diminue. Le doute me saisit alors. Cette clairière est-elle aussi intéressante que je l'imagine ? Les villages ne sont-ils pas trop près ? Le bruit des grumiers sur la piste à un kilomètre de là s'entend très bien. Et c'est encore pire quand passent les convois en provenance des exploitations chinoises. Dix camions chargés de bois pesant chacun cinquante tonnes se suivent dans un vacarme infernal, interminable. Et si les gorilles ne venaient là que très occasionnellement ? Bien vite, je chasse ces pensées moroses. Car, dans ce havre de paix si peu accessible que les chasseurs ne s'y aventurent pas, les gorilles, paisibles et routiniers au fond, finissent par revenir.

Ils arrivent le plus souvent vers 8 heures. Du haut de mon perchoir, j'en aperçois un d'abord.

Une tête qui dépasse des hautes herbes au nord de la clairière. Au sud, ce sont plutôt les éléphants. Parfois, c'est le dos argenté qui apparaît en premier. Comme cette fois où, alors que je me suis avancé sur une branche pour avoir un meilleur point de vue, il vient dans ma direction. Il est à découvert, scrute les alentours, et regarde vers moi... Je ne bouge plus. Une vraie statue pendant plusieurs minutes. Un seul mouvement pourrait le faire fuir. Je le regarde manger. Il ne m'a pas vu. Quelques minutes plus tard, les autres le rejoignent et toute la troupe vient vers moi. Impossible de me cacher dans mon hamac sans faire de bruit. Le chef de famille arrive au pied de mon arbre, il renifle mon odeur, au sol et sur le tronc. C'est une femelle qui, la première, me repère. Elle me fixe. Le dos argenté comprend qu'il y a un danger et se met en position de défense. Bien campé sur ses quatre membres, il se déplace vite, cherche à identifier le problème. Il tourne la tête de tous les côtés, cherche et finit par lever les yeux. Il me voit. Je ne bouge pas. S'il décide de monter à l'arbre, que se passera-t-il ? Viendra-t-il sur ma branche pour me menacer ? La secouera-t-il pour m'en déloger ? Je suis à vingt mètres de haut. Trop loin, trop haut pour représenter un réel danger qui vient toujours au niveau du sol. C'est par là que viennent les braconniers, pas par les arbres. Le dos argenté gronde, deux fois, et s'enfuit. Un jeune l'imite, crie à son tour. Deux femelles restent et ne paraissent pas du tout inquiètes. J'en profite pour prendre quelques photos. Je m'identifie avec quelques claquements de langue, puis elles partent rejoindre le groupe sans hâte, bien plus sereines que le mâle censé les protéger et qui a disparu depuis quelques minutes déjà…

J'observe les gorilles de loin, à cent ou deux cents mètres, à la jumelle, entre les herbes, parviens de temps en temps à prendre une bonne photo. Parfois certains se rapprochent de mon arbre. Mais j'ai l'impression que la plupart ont repéré mon étrange nid perché dans les branches. Peut-être se demandent-ils quel est ce nouvel animal qui cohabite avec eux désormais. Ils restent au loin. Je dois me faire oublier.

Je retourne alors dans la zone où je travaillais jusque-là, sur la piste de N'Dambi. J'y trouve peu de traces de gorilles malgré la grande quantité de marantacées. Je pensais pourtant qu'ils viendraient là s'en nourrir. Je me demande par quels aliments ils remplacent les fruits en cette saison. Peut-être se rapprochent-ils des points d'eau. Cela expliquerait leur présence importante à la clairière. Je ne trouve même pas de nid.

Je passe cinq jours sans rien voir. Désespérant. Je finis par descendre de mon arbre et pars à leur recherche. Comme au début… Je vais vers le marigot qui prolonge la clairière, et trouve une crotte toute fraîche, moins d'une heure. Ils sont là, mais invisibles depuis mon observatoire. Je poursuis mon exploration. Plus loin, j'entends un groupe au milieu du marécage. Les herbes sont très hautes. Je ne les verrai pas. À l'évidence, la clairière principale n'est pas leur unique intérêt et ce que j'interprétais comme une absence n'est qu'un simple déplacement de quelques centaines de mètres. Ce marigot s'étend assez loin. Je vais en vérifier toutes les ramifications, essayer d'en dresser la cartographie. L'idéal serait de réaliser ce travail pour toutes les salines et clairières de la concession. Seul, c'est impossible. Il faudrait une équipe, et surtout un accompagnement plus fort de la CFT. Je peux compter sur la bonne volonté de quelques-uns qui m'aident, m'informent sur les endroits où les gorilles se trouvent. Mais seule une politique portée par la compagnie pourrait faire avancer rapidement mes recherches. On me tolère ici. Ce n'est déjà pas si mal, j'imagine…

Cette clairière m'apparaît comme une zone témoin. Si les gorilles venaient à la déserter, cela serait le signe d'une pression très forte et d'une disparition possible de bien d'autres espèces animales.

L'avenir des grands singes est très fragile. Il faudrait trouver d'autres espaces préservés comme celui-ci, plus à l'écart, plus tranquille cependant. Un nouveau survol de la concession permettra de repérer et sélectionner d'autres clairières. L'expérience acquise ici me permettra d'analyser les espaces sélectionnés après le survol en avion et de confirmer rapidement la présence ou non des gorilles. La compagnie forestière disposera ainsi d'un outil précieux : une carte précise des zones qu'il faut préserver de l'exploitation.

J'entrevois un avenir radieux, où les gorilles évolueraient paisiblement à bonne distance des tractopelles, des tronçonneuses et des camions. Des zones protégées pourraient servir de laboratoires pour les observateurs scientifiques. Y viendraient quelques touristes, juste ce qu'il faut pour assurer un développement économique alternatif à l'exploitation forestière. Assez pour que les habitants de la région comprennent que ces gorilles sont une chance, qu'il ne faut plus les craindre.

La plupart des villageois sont réceptifs à un projet d'écotourisme… Même si les séances de sensibilisation que je mène me réservent parfois de mauvaises surprises comme à N'Dambi où un groupe de jeunes ne reconnaît pas l'autorité du chef. Présents lors de la projection du film, ils s'étaient octroyé les meilleures places. Et chaque fois qu'un gorille apparaissait à l'écran, ils faisaient mine de tirer avec un fusil. J'ai tenté de parler des retombées économiques d'une activité écotouristique, mais ils sont intervenus pour dire que ces projets étaient longs à mettre en place et qu'ils avaient besoin de gagner de l'argent tout de suite. La collaboration sera difficile avec eux, mais nécessaire : ils chassent sur ma zone de travail.

On m'a parlé d'un programme d'habituation qui commence à fonctionner dans la région de Doussala plus à l'ouest du pays. Il paraît que les villageois ont entrepris eux-mêmes ce projet. Deux jeunes du village ont pris les choses en main avec le soutien financier d'une ONG japonaise. Il faudra que je me renseigne à ce sujet. Leur expérience peut nous aider ici.

Voilà à quoi je pense, tandis que, suspendu à vingt-cinq mètres du sol, j'observe, avec mes jumelles, les gorilles qui jouent et se nourrissent dans l'ignorance de la menace qui pèse sur eux, inconscients de leur statut d'espèce en danger. Ils sont six : le mâle dominant, un jeune mâle adolescent, une femelle avec un petit de deux ans et une autre avec un bébé. Je les ai entendus avant de les voir. Le bruit des marantacées qui cassent sous les pas, les grognements du dos argenté. Et maintenant, ils sont là, à cinquante mètres devant moi qui avancent dans la clairière. Je vois le jeune mâle. Le dos argenté est masqué par les branches de l'arbre dans lequel je suis perché. Cela veut dire qu'il ne peut pas me voir non plus. Cela se passe souvent ainsi. Les gorilles arrivent timidement dans la clairière tandis que le dos argenté reste près de la forêt pour surveiller. Trop lourd, il est de plus moins à l'aise que les autres pour se déplacer sur ce terrain marécageux. Il reste donc et guette pendant que le groupe explore cet espace sans jamais trop s'éloigner.

Je me croyais à l'abri du regard du grand mâle, mais il m'a aperçu et a donné l'alerte. Le groupe obéit et s'éloigne tranquillement. Le dos argenté devra me voir plusieurs fois pour m'accepter dans le paysage, comprendre que je ne représente aucun danger. Ensuite seulement, il sera possible d'installer une plate-forme à laquelle ils s'habitueront doucement aussi. Les jeunes rebelles de N'Dambi ont raison. Ce projet prendra du temps. Mais il est nécessaire de travailler à sa mise en œuvre. Laisser disparaître les gorilles, nos si proches cousins, c'est accepter de disparaître un peu aussi.

L'exploitation autour de la clairière reprendra bientôt. Dans un an ou deux tout au plus. Ce sera l'opportunité d'observer le comportement des gorilles lorsqu'ils sont confrontés à l'activité humaine, d'observer leurs déplacements. Pour faciliter ce travail, un cadre de la CFT a proposé de réaliser une plate-forme légère, facile à transporter et à hisser dans les arbres avec un système de câbles. Depuis trois ans que je me suis lancé dans ce projet, je cherche à démontrer qu'il est possible de concilier l'exploitation forestière raisonnée et la présence des grands singes, montrer que ces derniers ont un avenir en dehors des parcs nationaux. Les gorilles de Bambidie en sont la démonstration.

# Expédition VI : La fin d'une époque

Bambidie, janvier-avril 2011

J'ai le pressentiment que la roue a tourné. Je suis rentré en France en septembre dernier avec la certitude d'avoir trouvé le jardin d'Éden des gorilles. J'allais pouvoir y mener à bien mes observations. La mise en place d'un tourisme mesuré en collaboration avec les villages assurerait ensuite la préservation de cet écrin de vie sauvage. Dans mon enthousiasme, j'ai oublié combien l'équilibre de la nature est précaire et combien l'homme, dans sa soif de profit, est aveugle et sourd à la beauté du monde.

En arrivant à Libreville, je rencontre le nouveau directeur de la compagnie, un Suisse, placé là par ceux de Zurich. Il est là pour restructurer la CFT. Bien sûr, il m'assure que je peux compter sur lui et sur le soutien de son groupe : je serai hébergé, nourri et l'on me fournira le carburant pour ma voiture et mon groupe électrogène. Aucun mot sur mes zones d'intervention, ni sur l'assurance de leur préservation. Si la compagnie soutient mon travail, les bénéfices et dividendes des actionnaires sont prioritaires sur la protection de la nature au Gabon. En parlant des actionnaires, il m'annonce qu'il a l'intention d'en inviter certains, les plus importants j'imagine, à venir observer comment travaille la CFT. Il s'agit de les rassurer quant aux bonnes pratiques environnementales, de leur montrer que leur argent est proprement investi. Je suis prié de les prendre en charge et, si possible, leur montrer des gorilles. Ce n'est pas pour tout de suite, ajoute-t-il. Il souhaite d'abord prendre ses marques, réorganiser ce qui ne lui convient pas avant tout. Je préfère être seul dans ma clairière, mais je ne suis pas en position de refuser. Je quitte Libreville sans regret pour Bambidie. J'ai hâte de retrouver la forêt, les gorilles et la solitude.

Revenir est déstabilisant, comme à chaque fois. Les visages ont changé. Beaucoup sont partis. Le remplaçant de L'Éléphant, lui, est toujours là. D'emblée, il m'annonce qu'une étudiante de l'université de Liège viendra bientôt et que je devrai l'accompagner en forêt. Encore une fois, je dois accepter. Je le savais depuis ma conversation avec le nouveau directeur à Libreville ; j'en ai une nouvelle fois la confirmation : l'ère de L'Éléphant est terminée.

L'étudiante est très jeune, 23 ans, et s'appelle Barbara. Dès le premier jour en forêt, je constate qu'elle n'a aucune connaissance du terrain, mais elle veut tout de même en remontrer. Son expérience se résume à deux mois passés dans un camp confortable aménagé pour les scientifiques, au Cameroun. Si elle est ici, c'est parce que son dossier pédagogique est bon, sans cela elle n'aurait pas obtenu de financement pour sa mission. Mais aussi brillante soit-elle, je suis obligé de m'occuper d'elle, de lui apprendre la forêt. Je dois veiller à ce que rien ne lui arrive, et je ne suis pas concentré sur mon travail. Cela me dérange. Je le répète, je préfère être seul en forêt. Je dois pourtant prendre sur moi, même quand elle m'annonce qu'il lui faut trouver une trentaine de sites de nidification frais pour réaliser son étude. Barbara me considère comme son assistant. Comme si j'étais là pour satisfaire aux seuls besoins de son doctorat. De plus, formuler une demande si peu réaliste montre sa méconnaissance du terrain. Cette jeune fille n'est jamais vraiment allée en brousse. Elle saurait sinon que trouver autant de nids de gorilles demande des mois et une équipe bien plus importante.

Je lui consacre une semaine entière. Nous explorons les abords des pistes d'exploitation. Lors de ma première mission, Alex et moi y avions souvent trouvé des nids. Un employé de l'équipe d'inventaire nous oriente vers un endroit où il en a vu la semaine précédente, mais ceux-ci sont trop vieux pour l'étude de Barbara. Nous finissons par trouver un ensemble de vingt-deux nids qui entrent dans ses critères. Je constate alors que son protocole de travail est inadapté. Elle veut quadriller une surface de quarante mètres de côté, beaucoup trop vaste dans une forêt fermée comme celle où nous nous trouvons. La végétation est si dense qu'il est impossible de tracer une ligne droite. Passer de la théorie à la réalité du terrain est compliqué et elle doit s'adapter. Elle finit par le comprendre.

Chaque jour, nous découvrons de nouveaux sites. Barbara peut travailler. Moi pas. Tandis que nous progressons en forêt, je pense à ma clairière, à mes « petits » là-bas et que j'ai hâte de rejoindre. Pendant nos recherches, je vois pour la première fois un colobe guéréza, grand singe hurleur au pelage noir et blanc, très élégant. Sa qualification de singe hurleur n'est pas usurpée : son cri ressemble au coassement d'un crapaud géant qui va crescendo et s'entend à des kilomètres à la ronde. Il est rare d'en observer. Je me réjouis au moins de cette rencontre.

Pour m'accompagner dans la tournée pédagogique, j'ai sollicité ZSL (Zoological Society of London), une ONG présente dans plus de cinquante pays et qui œuvre à la préservation de la vie sauvage. Elle a engagé un jeune écoguide qui a travaillé sur l'habituation des gorilles et qui, grâce à son expérience, portera auprès des villageois un discours différent du mien. Il s'appelle Justin. Je me dis qu'il pourrait bien accompagner Barbara. Je vais le tester, l'observer. S'il fait l'affaire, je pourrai laisser l'étudiante poursuivre ses recherches avec lui. Ce serait parfait, car elle m'agace déjà.

Le dernier jour, j'amène Barbara à la saline que L'Éléphant m'avait montrée lors du reportage en 2006. Là encore, nous trouvons des nids assez frais pour son étude. Chose plus extraordinaire, nous croisons une femelle éléphant et son petit. Je suis toujours émerveillé devant cette apparition en forêt. Voir soudain surgir des feuillages cette masse grise, énorme, qui avance à travers la végétation avec tant de discrétion qu'il m'arrive encore de confondre le déplacement d'un éléphant avec celui d'un gorille, ajoute à la dimension fantastique de cet animal. Barbara est émerveillée. Cela pourrait me la rendre sympathique, mais pas au point de vouloir poursuivre les excursions en forêt avec elle. Je n'ai qu'une idée en tête : retrouver mes petits à la clairière.

Ce ne sera pas pour tout de suite. Je dois retrouver Guy-Albert à Lelama pour le volet éducatif de ma mission. Cette fois, notre tournée s'accompagne de la distribution d'une affiche pédagogique sur le comportement à adopter face aux gorilles. Elle est fournie par le zoo de La Palmyre, toujours partenaire de mon projet. Sur la route, peu avant d'arriver à destination, je traverse une zone qui vient d'être exploitée pour la seconde fois. Cette nouvelle coupe, cette « repasse » comme l'appellent les forestiers, a laissé des traces. J'ai l'impression que la forêt s'est dégradée depuis mon précédent séjour. Même sélectifs, les prélèvements provoquent de lourds dégâts. Il faut élargir les pistes pour le passage des engins, faciliter l'acheminement des grumes jusqu'à la zone de stockage et de chargement près de la route. Même avec la méthode de « l'abattage contrôlé » qui consiste à orienter la chute de l'arbre dans la direction où il provoquera le moins de dégâts, le constat est sans appel. Pour couper un arbre, il faut en abattre, en abîmer des dizaines. Je n'avais pas réalisé à quel point la nature était détériorée par l'exploitation lors de mon reportage en 2006 parce que je n'avais pas vu la forêt avant celle-ci. S'il s'agit là de la méthode la plus douce, validée par les audits de labellisation durable, je n'ose imaginer ce qui se passe ailleurs. La période de vingt-cinq ans qui s'écoule entre chaque repasse n'est pas suffisante pour permettre à la forêt de se régénérer. Lentement, coupe après coupe, elle se dégrade. J'enregistre l'information dans un coin de ma tête. Une graine qui va doucement germer et révéler ce que je ne voulais pas voir : l'exploitation forestière, quelle qu'elle soit, ne peut pas être durable pour la biodiversité.

Guy-Albert me présente la liste des villages dans lesquels nous allons intervenir : fin mars, nous visiterons Okondja, Lelama, D'Zondé, Baposso, District, N'Dambi. Ce dernier nom me rappelle de mauvais souvenirs : c'est là que des jeunes braconniers contestaient l'autorité du chef. Quand nous nous y rendons quelques semaines plus tard, la situation a changé et le chef a retrouvé sa place. Partout, les spectateurs sont nombreux à nos séances de sensibilisation. Les femmes sont intéressées par le comportement des femelles gorilles avec leurs enfants. Je sens que leur regard sur les gorilles change pendant la séance. La maternité est quelque chose d'universel, qui transcende et rapproche les espèces. Justin, le jeune écoguide de ZSL, est avec nous. Sa participation est précieuse. Il offre un autre regard, une expérience du terrain et porte un discours positif sur l'habituation. Malgré ça, certains hommes, des chasseurs en général, ne veulent pas en démordre : le gorille est un être malfaisant. Ils racontent toujours les mêmes histoires : des agressions plus ou moins exagérées par la peur et l'imagination, des histoires entendues, des racontars, car au fond, même parmi les chasseurs, peu sont ceux qui ont eu maille à partir avec les grands singes.

À moins que toutes ces histoires ne soient des rêves, ou dans leur cas des cauchemars, que l'on finit par confondre avec la réalité. Tous ceux qui ont été confrontés aux grands animaux de la brousse pourraient vous parler de la dimension mystique qu'il y a dans chacune des rencontres avec eux, tant ces éléphants, ces singes, ces fauves, nous ramènent à nos propres origines, à ce que nous étions quand tout a commencé. Nus et vulnérables. Entrer en forêt est une expérience du dépouillement, un dépouillement nécessaire que connaissent bien les grands voyageurs, conscients que l'on se met en route autant pour découvrir le monde que pour se découvrir soi-même, tel que l'on est, sans artifice. C'est sans doute pour cela que je préfère être seul ici. Barbara ou une autre personne, cela ne change rien. Toute présence est un obstacle à ce qu'au fond, je suis sans doute venu chercher ici. Moi-même. Retrouver mon humanité naturelle, profonde, éloignée de celle façonnée par la vie moderne, pour mieux me diluer, me fondre dans ce monde et en faire partie.

Le rêve avec lequel je me réveille un matin me conforte dans cette idée… Un dos argenté terrorise les habitants d'un village. Il revient tous les soirs. Il cherche quelqu'un. Tous ont peur. Moi aussi. Le gorille avance entre les cases et cherche sa victime. Je suis avec Gérard, un employé de la CFT. J'aperçois le gorille, énorme, et cours pour lui échapper. Gérard court à mes côtés. Le gorille nous poursuit. Mon compagnon entre dans une maison et en ressort par une sorte de fenêtre qu'il verrouille derrière lui. Je me retrouve coincé. Le gorille arrive, il est derrière moi. J'ai peur, je m'agenouille et baisse la tête. Je le devine à quelques centimètres de moi.

Il pose délicatement ses deux mains énormes sur ma tête comme pour me rassurer et je ressens alors un bien-être comme l'on n'en ressent que dans certains rêves. Je me réveille avec le sentiment d'avoir été sacré par le dieu des gorilles…

* * *

Enfin dans mon arbre ! Il fait beau. Je suis seul. Le jour se lève. Très tôt, je suis monté dans mon hamac. L'installer n'a pas été simple. Outre les questions techniques parmi lesquelles l'utilisation du *bigshot* n'est pas des moindres, il y a celle des insectes, nombreux en cette saison des pluies. Moucherons, taons, abeilles, guêpes, fourmis… Comme chez nous, pourrait-on croire. Mais leur présence est multipliée par dix, par cent, et leurs piqûres sont bien plus douloureuses. À l'instar des piments, sous les tropiques, tout est toujours plus fort.

Très vite apparaît le premier gorille de la journée, un solitaire, un jeune au dos noir que je connais. Je l'ai observé à plusieurs reprises lors de mon précédent séjour. Cet endroit a ceci de formidable. Il permet d'observer les gorilles dans leurs habitudes, de façon répétée. Ceux de la clairière me sont familiers désormais. Je connais leurs signes distinctifs, leurs blessures, leurs problèmes de peau, leur taille, leur sexe. Tout ce qui peut me permettre de les distinguer les uns des autres, de les identifier, est répertorié dans mes carnets. Je commence même, pour certains, à connaître leur caractère, les réactions possibles en me voyant, fuir ou rester indifférent en apparence. Je sais à quel groupe ils appartiennent ou si ce sont, au contraire, des mâles solitaires qui constitueront bientôt le leur. Je les connais, mais j'ai encore tant à découvrir sur eux.

Dian Fossey donnait des noms à ses gorilles. Ceux qui ont vu le film, *Gorilles dans la brume*, avec Sigourney Weaver, adapté du livre autobiographique de la célèbre primatologue, connaissent bien Digit, son préféré, un dos argenté avec lequel elle avait tissé des liens particuliers et qui a été tué par des braconniers. Je ne les nomme pas pour ma part. Et si mon but est que ces primates s'habituent à la présence humaine, je ne vais pas jusqu'à établir un contact physique avec eux comme le faisait Dian Fossey. Ils ont leur vie, leurs codes, leur culture. Tout cela pourrait disparaître à notre contact. Comme elle le disait elle-même, l'homme est le pire ennemi du gorille, qui menace sans cesse son habitat. Cela est toujours vrai. Je n'ai pas pour autant la distance des scientifiques, nécessaire selon eux à l'objectivité de l'observation. Les scientifiques reprochaient à Dian Fossey sa trop grande proximité avec ses gorilles. Cela ne l'a pas empêchée de faire de grandes découvertes à leur sujet et sans aucun doute de sauver ceux des montagnes. Pas de nom

La forêt tropicale gabonaise vue du ciel.

Alex, accompagné d'un pisteur, sur les traces des gorilles.

Les maisons d'Okondja, au cœur de la forêt.

Une famille d'éléphants à Milolé.

Mon poste d'observation en haut des arbres, à Milolé.

Une clairière vue du ciel.

Une femelle chimpanzé
et son petit.

Le petit aérodrome de Bambidie.

Bambidie vue du ciel.

La clairière de Bambidie dévastée.

Un dos argenté solitaire.

Ma nouvelle plate-forme.

Un forestier à l'œuvre.

Installation de la plate-forme en haut d'un arbre.

Une femelle gorille appelée par Papyro.

Une femelle et son petit.

Des enfants sur le chemin de l'école.

Un chef de famille au repos.

Ma cabane à 5 km de la clairière de Bambidie.

Une route traversant la forêt de la province de l'Ogooué-Lolo au Gabon.

Perché dans mon arbre.

Une charge de gorille.

Le grand moabi.

L'homme minuscule entre les racines du *Ceiba pentandra*.

Une femelle gorille et son petit.

donc, mais je les appelle mes petits, mes cousins, me plaçant sans doute à mi-chemin entre les deux postures.

La clairière est bien plus active pendant la saison des pluies. Les gorilles viennent s'y nourrir, la pénètrent jusqu'en son centre tandis que les autres animaux, les buffles, les éléphants, les sitatungas restent à la bordure. S'avancer dans cette zone au sol spongieux serait prendre le risque de s'embourber et de mourir là. L'exploitation de la forêt se rapproche. Elle n'est plus qu'à quelques kilomètres désormais. Comment gérer cet espace, ce havre de paix pour les gorilles, dans les années à venir ? Il faut le protéger, j'en suis convaincu, mais je ne suis pas certain que les cadres de la CFT le soient et je ne sais pas comment procéder pour les convaincre.

Le nouveau directeur général a passé quatre jours à Bambidie. Il ne connaît pas la forêt, ni même l'Afrique, mais il a l'intention de tout changer. Durant son court séjour, il a modifié, entre autres choses, la disposition des tables à la cantine. Finies les grandes tablées de vingt mètres de long, finie la convivialité de l'époque de L'Éléphant qui présidait les repas avec bienveillance, comme un patriarche. Il a imposé une disposition où chacun peut voir tout le monde. Comme dans les *open spaces*, n'ai-je pu m'empêcher de penser. Officiellement on favorise les relations, mais au fond on sait très bien que tout le monde surveille tout le monde.

Mon projet l'intéresse, mais seulement parce qu'il y voit un gain pour sa société, qui pourra valoriser une démarche vertueuse et respectueuse de l'environnement, communiquer auprès de ses actionnaires, de ses clients. J'ai le sentiment que je ne peux pas vraiment compter sur lui et qu'il n'hésitera pas à sacrifier mon projet si celui-ci devient gênant pour ses affaires.

C'est la raison pour laquelle je tiens à inscrire celui-ci dans un réseau de partenaires locaux comme les écoles gabonaises, ou internationaux comme les universités de Barcelone ou de Liège. Plus les gorilles de Bambidie seront visibles et plus il sera compliqué de me déloger. Parmi les partenaires possibles pour ce projet, j'ai identifié le Centre international de recherches médicales de Franceville. Ce laboratoire est spécialisé dans la recherche sur les maladies infectieuses. Il a été désigné par l'OMS centre régional de référence pour les fièvres hémorragiques virales et les arboviroses. J'ai profité de cette mission pour aller les rencontrer. Trois heures et demie pour deux cents kilomètres de route. Aller et retour. Sept heures de mauvaises pistes. Mais le jeu en valait la peine. Pour eux, je fais désormais des prélèvements de crottes dans lesquelles ils recherchent les traces des nombreuses maladies dont le gorille pourrait être porteur : virus spumeux simien, varicelle, tuberculose, rougeole, rubéole, fièvre jaune… Nous avons également le projet de lancer ensemble une campagne sur les dangers de consommer de la viande de brousse et en particulier celle des grands singes. Son commerce menace d'extinction certaines espèces déjà en danger ou même en voie de disparition. En manger comporte aussi un fort risque sanitaire. Le virus Ebola, par exemple, dévastateur, est initialement transmis aux singes par des chauves-souris frugivores. Les singes contractent la maladie en consommant des fruits souillés par les fientes de ces chauves-souris ; l'homme, en consommant la viande de ces singes infectés. Rompre cette chaîne infectieuse est un enjeu de santé publique. J'ai hâte de m'engager dans cette action.

L'environnement, l'économie, l'éducation, et maintenant la santé… Je dois avouer que je n'imaginais pas m'impliquer dans autant de domaines en œuvrant pour la protection des gorilles. Le chantier est colossal, et les missions trop courtes. Je dois rentrer en France, et ne pourrai poursuivre qu'à l'automne prochain.

# Expédition VII : « L'homme blanc n'a pas de parents. Son seul parent, c'est l'argent. »

Bambidie, septembre-novembre 2011

Je reviens à Bambidie au mois de septembre de la même année. Je ressens une urgence à retrouver ma clairière et mes gorilles, comme si ceux-ci pouvaient m'échapper si je m'en tenais éloigné trop longtemps ; comme si tout cela pouvait disparaître dès que j'ai le dos tourné. Je ne dois rester que deux mois cette fois-ci. Au total, j'en aurai passé plus de cinq au Gabon durant cette année 2011. Si je cumule l'ensemble des missions réalisées depuis 2006, j'en suis à près d'un an et demi passé en brousse.

Dès mon arrivée, je fais un aller-retour à Franceville pour rencontrer la responsable du CIRMF (Centre international de recherches médicales de Franceville) et discuter de la campagne de sensibilisation que nous devons mener. Sept heures de voyage pour rien. La responsable a oublié notre rendez-vous. Une journée de perdue.

Le lendemain, je file à la clairière pour installer mon matériel. Cela me prendra plusieurs jours. Trouver le bon arbre, passer la corde par-dessus la bonne branche occupe déjà une journée. Tout en manœuvrant, j'aperçois un premier gorille, un solitaire. Dès le premier jour, c'est bon signe. Dans l'après-midi, un groupe approche pour faire la sieste. Je suis à bonne distance et ils ne me voient pas. J'abandonne mon installation, m'approche d'eux. Ils ne me sentent pas. Le vent vient dans ma direction. Moi en revanche, je sens leur odeur. Cela me rassure. Mes sens n'ont pas faibli, ma bibliothèque des odeurs de la forêt et surtout des gorilles est toujours là. Je ne peux pas les voir, mais je les entends. Les petits jouent autour des adultes pendant que ces derniers se reposent. Cette clairière est vraiment le lieu parfait pour l'observation. Je reste ainsi jusqu'au milieu de l'après-midi, assis à les écouter. Je me sens bien. Finir l'installation de la plate-forme attendra demain.

Mais je dois m'interrompre. Lors de la mission précédente, le nouveau directeur général m'avait fait part de sa volonté d'inviter les actionnaires les plus importants une fois l'organisation revue. Ce doit être chose faite, car à mon retour ce soir-là, le Remplaçant m'annonce que les premiers arriveront demain. Il sait que cette intrusion dans mon travail me dérange. Je devine sa satisfaction à l'idée de me contrarier. Il sait que je ne peux pas y couper, et savoure ce moment. Je le vois dans son regard. Je ne lui offrirai pas la réaction d'agacement qui lui donnerait un prétexte pour provoquer la détérioration de nos médiocres relations et, à terme, se débarrasser de moi. Je le sais. Je suis un autodidacte, lui un universitaire, formé à la faculté de Liège, la fameuse Gembloux Agro-Bio Tech. Il se méfie de moi, ne m'accorde guère de crédit. Sans doute préférerait-il voir intervenir ses pairs plutôt qu'un type sorti de nulle part qui s'est soudain pris de passion pour les gorilles et qui s'est mis en tête de les protéger. C'est d'ailleurs par son entremise qu'était venue Barbara, la jeune étudiante belge, il y a quelques mois. Je ne sais pas où en est son étude sur les nids de gorilles. Pas sûr qu'elle pense à m'en communiquer les résultats lorsqu'elle aura terminé.

Deux femmes arrivent à Bambidie. Elles sont âgées et j'appréhende de les emmener en forêt. Elles viennent voir les gorilles, me disent-elles joyeusement. Je vois là l'occasion de tester la possibilité d'une forme de tourisme destiné à quelques privilégiés argentés. S'approcher de gorilles sauvages dans leur milieu naturel contre quelques milliers d'euros et financer ainsi leur sauvegarde. La plus âgée a un problème à une jambe et boite légèrement. Je les conduis à l'endroit où je gare habituellement ma voiture et nous prenons la direction de la clairière. Je sais bien que nous ne l'atteindrons pas. J'espère que des gorilles se montreront aux abords de la piste comme cela arrive parfois. Nous marchons en forêt. Je devine que cette petite incursion dans la végétation tropicale est déjà une aventure pour elles. Elles sont submergées par la profusion de bruits nouveaux à leurs oreilles. Au bout d'une heure, nous nous arrêtons pour nous reposer tous les trois assis sur un tronc. Nous sommes loin de notre but et il sera plus prudent de repartir dans l'autre sens une fois que ces dames auront récupéré.

Soudain une odeur. Ils ne sont pas loin. Je leur dis « Ça sent le gorille » et elles sont impressionnées. Elles regardent partout autour, mais ils ne se montrent pas. Des craquements au loin. Je leur dis : « Écoutez ? » Elles ouvrent grands leurs yeux et n'osent plus rien dire, à peine respirer. Elles sont à la fois fascinées par cet univers inconnu et un peu effrayées. Moi seul les rassure, moi et mon expérience de la forêt. Elles s'imaginent que je la connais comme ma poche, qu'elle n'a plus de secret pour moi. Ce n'est pas ça. Ce monstre de lianes, de troncs et de branches, ce vert infini pourrait-on croire, je le sais fragile et je le vois tomber parfois, mettre un genou à terre sous les coups portés par les hommes. La forêt m'impressionne toujours, mais elle ne m'effraie plus comme au premier jour. Je regrette parfois ce temps où tout était inédit, où je m'étonnais de chaque insecte inconnu, de chaque fruit nouveau, de chaque bruit singulier. Je vois le regard émerveillé de ces deux femmes qui scrutent les feuillages en espérant en voir surgir l'un de mes petits, et je me rends compte que « cet œil pur des enfants, je ne l'ai plus[1] ». J'envie leur inexpérience, cette candeur des premiers jours. Elles regardent autour d'elles, mais ils ont probablement senti nos odeurs, nombreuses et inhabituelles. Quelle idée aussi de se parfumer pour aller dans la jungle ! Nous rentrons. Les deux actionnaires sont épuisées, mais très heureuses de leur balade.

Le jour qui suit, je pars en brousse avec un couple en meilleure forme physique et nous parvenons à atteindre la clairière. Mais là encore, rien. Il a plu toute la nuit et l'eau est montée. Trop pour mes petits qui restent en forêt en attendant que le niveau baisse pour accéder à leur garde-manger. Nous faisons un tour. Je leur montre l'arbre dans lequel je suis en train d'installer mon observatoire, les endroits où les gorilles viennent d'habitude. En rebroussant chemin vers la voiture, je perçois des craquements de branche. « Vous entendez ? » Mais comment pourraient-ils entendre, ils ne font que parler. Et moi je leur réponds. C'est comme ça. Il faut bien se connaître pour accepter le silence. Je leur répète : « Vous entendez ? » C'est un groupe au loin, mais le bruit singulier d'un jeune mâle qui se frappe la poitrine parvient à nos oreilles.

1. Jean Giono, *Manosque des plateaux*, Edmond Charlot, Alger, 1941.

Ils écoutent sans grande attention, trop fatigués par la longue marche à travers la forêt tropicale. La chaleur, l'humidité, les insectes, très nombreux en cette saison des pluies, sont éprouvants. Moi-même, pourtant habitué, ressens un léger coup de pompe. C'est une sensation habituelle en début de mission. Le corps doit s'acclimater doucement.

Au retour, nous crevons. J'en ai l'habitude. Mes pneus sont usés jusqu'à la corde. L'homme prend la direction des opérations. Il tient à changer lui-même la roue du 4x4. Sans doute cette tâche ajoute-t-elle à son impression d'aventure. Je le regarde travailler, assis sur le bord de la piste.

Les actionnaires partis, je ne retourne pas tout de suite à la clairière pour poursuivre l'installation de mon poste d'observation. Je prends une journée de repos et en profite pour aller me balader à N'Dambi, dans la zone où je travaillais auparavant.

Dès mon arrivée, je constate le désastre. Une campagne de coupe a eu lieu deux mois plus tôt et ma forêt n'est plus. Tout a changé. Impossible de retrouver mes repères. Le petit chemin qui entrait dans la forêt et sur lequel j'avais filmé la charge du dos argenté a disparu. Une large piste l'a remplacé et la coupe en deux. Ça lui fait comme une large blessure, avec la latérite rouge et vierge de toute pousse. On a l'impression que rien ne reviendra jamais ici, que c'est fini, défiguré pour toujours.

Quand je vois ce carnage, je sais pourquoi je ressens le besoin récurrent et irrépressible de quitter les hommes, de m'enfoncer au cœur de la forêt. Je retrouve tout de même les deux moabis dont les gorilles venaient cueillir les fruits. Ils sont toujours là comme une preuve que je n'ai pas rêvé, que mes souvenirs ne sont pas les délires de mon imagination.

Monter la plate-forme prend quatre jours. Cette fois, j'utilise un système appelé portaledge, matériel d'alpinistes pour bivouaquer sur les parois rocheuses. Outre les difficultés pour l'acheminer jusqu'à la clairière (j'ai assemblé la structure et l'ai transportée à travers la forêt), j'ai un mal fou à la fixer. Impossible d'y monter tant qu'elle n'est pas solidement arrimée. Sans cela, c'est une véritable balançoire et je n'ai pas envie de passer mes journées sur une installation instable à vingt mètres de haut. Ce travail sous l'assaut constant des insectes est une épreuve pénible. Plusieurs fois, je suis obligé de l'interrompre et de rentrer me reposer à Bambidie tant les douleurs des piqûres d'abeille sont douloureuses. Un essaim se trouve non loin de l'arbre que j'ai choisi et même si je fais attention, elles finissent par me repérer et peu à peu m'assaillent. Je travaille avec un filet sur la tête, comme les apiculteurs, mais elles piquent à travers les vêtements et m'obligent à battre en retraite. Il faudra que je veille à bien fixer la moustiquaire sur ma plate-forme si je veux observer les gorilles en paix.

Malgré ma présence agitée pendant ces quelques jours, davantage par les abeilles que par le travail, un groupe visite la clairière tandis que je fais une pause. Marchant le long du sentier, je contourne la vaste étendue autant pour inspecter « mon domaine » que pour fuir les insectes. J'entends des gorilles chahuter à l'opposé de l'endroit où je me trouve. Ils sont à côté de mon arbre. Comme s'ils avaient attendu mon départ pour venir. Je rebrousse chemin. Un jeune détale devant moi en criant. Je m'assois, fais des petits claquements de langue. Le dos argenté est proche. Il grogne, cherche d'où vient la menace. Je l'aperçois à dix mètres sur ma droite. Il est énorme. Une masse, un mur. Je reprends mes petits bruits amicaux. Il me repère, crie, bat en retraite pour se cacher et m'observer depuis le couvert de la végétation. Je reste là, immobile. Les autres membres du groupe apparaissent de temps en temps autour de moi. Certains tapent ou secouent des branches, d'autres se frappent la poitrine. Tous cherchent à m'impressionner et cela marche. Ils sont tout autour et je ne peux pas me déplacer. Après trente minutes, ils disparaissent enfin. Je file au pas de course jusqu'à ma voiture sous la menace d'un violent orage, non sans avoir noté les coordonnées GPS de l'endroit où se trouvait ce groupe. Je n'oublie jamais de documenter mes observations : lieu, nombre de membres du groupe, signes distinctifs... L'accumulation de ces informations me permettra de repérer les similitudes des rencontres, de recenser plus précisément les gorilles qui fréquentent la clairière. Jusque-là, j'ai distingué deux groupes, l'un de six membres, l'autre de cinq, et trois mâles solitaires. Avec le temps, je pourrai aussi vérifier si leur nombre diminue avec l'exploitation forestière.

Ces maudites abeilles me ralentissent. Je tente de fixer la bâche de protection, en voici une, puis deux, puis trois, bientôt plusieurs dizaines qui se collent à mon bras. J'abandonne après la cinquième piqûre, pars explorer les alentours. Et quand ce ne sont pas les abeilles, ce sont les fourmis qui prennent la suite et s'immiscent partout. Je dois les dégager une par une. Je n'ai pas envie de me faire mordre pendant que des gorilles approchent. Le cri de surprise provoqué par cette morsure, petite certes mais toujours douloureuse, les ferait fuir.

Pour m'octroyer une pause face aux assauts parfois combinés des abeilles et des fourmis, je passe une demi-journée dans une saline située à une vingtaine de kilomètres de la clairière où j'ai croisé plusieurs fois des gorilles lors de la mission précédente. Je n'y rencontre aucun animal, quelques traces de passages seulement, de singes et d'éléphants entre autres. Le sort s'acharne sur moi, me dis-je, quand je suis attaqué par des guêpes appelées ici « coups de poing », ce qui en dit long sur l'intensité de la douleur quand elles piquent. Et elles ne m'épargnent pas. Je subis quatre ou cinq piqûres. Je fuis. Je préfère encore les abeilles.

Je ne sais pas ce qui a été le plus pénible durant ces premiers jours : les assauts répétés des insectes ou les boîtes de pâté achetées à l'économat de la CFT en début de semaine. Elles sont fabriquées par un industriel breton qui exporte sa production (celle-ci du moins) au Gabon. Sur l'étiquette est écrit « pâté de bœuf » ! Quand j'ouvre la première, je regrette d'en avoir acheté un stock. Cela ressemble à de la pâtée pour chien. La prochaine fois, j'achèterai des sardines…

Je passe plusieurs jours à observer les gorilles depuis ma plate-forme solidement ancrée dans les arbres. La moustiquaire me protège désormais des abeilles qui bourdonnent autour, se collent parfois sur le filet qui me protège.

La clairière est un rivage calme, la forêt un océan dans lequel le plongeur que je suis ne tarde pas à s'immerger. J'en ressens le besoin. Pénétrer dans la végétation, perdre tout repère, ne plus se fier qu'à sa boussole et son GPS. Marcher droit devant. Façon de parler. La ligne droite n'existe pas en forêt tropicale. Tout cheminement est un contournement. Un arbre tombé, un cours d'eau, un accident de terrain… autant d'occasions de bifurquer et de perdre son azimut. Sans doute est-ce pour cela que je ne retrouve pas la piste que je cherche. Je progresse pendant plus d'un kilomètre en vain. Poursuivre ne servirait à rien. Je repars en arrière, en espérant ne pas me perdre. Je n'ai pas oublié les récits rapportés par les forestiers à mes débuts en brousse, les touristes égarés, les ouvriers de la CFT eux-mêmes. Personne n'est à l'abri de cette mésaventure, même avec un équipement moderne tel que le GPS. La carte est rassurante, mais le territoire réserve bien des surprises.

J'arrive tôt à la clairière, quand le jour n'est pas encore levé afin de prendre position avant le réveil des abeilles, mais la plate-forme est envahie de fourmis noires, qui mordent. Petites mais voraces… Je fais le ménage puis j'entoure la plate-forme d'une grande bâche verte pour être à l'abri de l'humidité et des insectes. Dès qu'il fait grand jour, je suis assailli par les abeilles. Elles sont trop nombreuses et elles piquent sans raison. Elles m'obligent à déguerpir, alors que je n'ai pas terminé de fixer la bâche. Je descends de mon arbre. Un groupe de gorilles est là, à vingt mètres. Certains ont remarqué mon agitation, des jeunes, mais ils ne donnent pas l'alarme. Le dos argenté ne m'a pas vu. Arrivé au sol, je fuis vers la forêt, moins attiré par l'appel des profondeurs de la végétation cette fois que pour fuir ces maudites abeilles. Elles me poursuivent pourtant. Je me vois comme dans un dessin animé, ridicule personnage courant sans but, un essaim d'abeilles agitées vibrant autour de lui.

Je reviens une heure plus tard. Les gorilles sont toujours là, paisibles. J'aperçois le dos argenté qui mange assis dans les herbes. Il est calme. Je réalise quelques photos, mais un jeune me repère et crie, de surprise ou d'inquiétude. Le dos argenté réagit aussitôt. D'un grognement autoritaire, il donne l'ordre à sa troupe de quitter les lieux. Principe de précaution, qu'ils appliquent sans paniquer. Ils retournent dans la forêt, sans hâte.

Je traverse novembre comme une période magique. Chaque jour qui passe me permet d'approfondir un peu plus mon observation des gorilles. En groupes ou solitaires, ils sont nombreux à venir là. Je parviens à les photographier, parfois même de face, l'idéal pour les identifier et répertorier chaque individu, le rattacher à son groupe. Peu à peu, j'établis les connexions entre tous mes petits. La famille prend forme, s'agrandit. Je continue les prélèvements, pour le CIRMF, comme pour l'université de Liège. J'ai l'impression de vivre un rêve.

Décembre débute mal. Après une manifestation de villageois qui protestent parce que la CFT ne leur aurait pas versé l'argent relatif à l'exploitation de « leur forêt » et bloquent la piste menant à la clairière, une crise de paludisme me cloue au lit pendant plus d'une semaine. À mes débuts au Gabon, je montais la climatisation des chambres d'hôtel au maximum, me tartinais à l'excès de produits antimoustiques afin de les repousser.

Je ne faisais que reculer l'échéance. Contracter cette maladie lorsque l'on vit en forêt tropicale est, je le sais maintenant, inévitable. Je ne connais personne qui y ait échappé. C'est même une sorte de rite de passage pour l'homme blanc en Afrique. Je me souviens de l'Éléphant saisi d'une crise lui aussi alors que nous étions en pleine brousse, du trajet jusque chez lui. Il était si faible que je le croyais perdu. Je me souviens de sa réapparition quelques jours plus tard, semblant toujours aussi solide, inaltérable, et cette image, tandis que je suis cloué par la fièvre, incapable de me tenir debout, me donne de l'espoir. Au fond, j'espérais cette première crise. Comme si je ne pouvais pas être un « Africain » sans cela. Je le regrette amèrement.

Quand je retrouve enfin ma clairière, la fin de la mission approche. Je dois repartir à la mi-décembre, dans moins d'une semaine. Je réalise quelques observations encore, cependant mes carnets, que je relis pour écrire ce livre, témoignent de la fatigue dans laquelle m'a laissé cette crise de paludisme. Plusieurs fois, j'y ai noté la date suivie de ce mot : « Rien ». Je sais bien que cela est impossible. Il se passe toujours quelque chose à la clairière, un solitaire au moins, des chimpanzés, des cercopithèques, des potamochères... La vie est là, si riche et généreuse. Et puis comment ne pas mentionner la bonne nouvelle tombée il y a peu. Le Remplaçant a démissionné. Personne n'est dupe.

La direction suisse l'a poussé à partir. Ses mauvaises relations avec les équipes, son intolérance, son manque d'empathie ont convaincu Zurich de se séparer de lui. Il a quand même fallu participer au repas d'adieu, assister aux au revoir surjoués et aux larmes de crocodile. Son successeur est déjà nommé, il s'appelle Vincent et a débuté à la CFT comme abatteur à l'époque de L'Éléphant. Renouer avec les équipes de terrain est la priorité de la direction. Moi, je préfère rester en forêt, à bonne distance des tambouilles de la compagnie.

Avant son départ, le Remplaçant souhaite visiter la clairière. Il me conseille vivement de la faire cartographier ainsi que tout le système hydraulique alentour qui l'alimente. Il faut remonter chaque rivière, chaque ruisseau, les inscrire avec précision sur la carte d'exploitation. Celle-ci approche, me dit-il, et il ne faut pas grand-chose pour perturber cet écosystème fragile. Il suffit de fermer un cours d'eau, conclut-il.

Je n'arrive pas à savoir si ces paroles sont bienveillantes, s'il cherche à protéger cet espace, ou si ce sont les prédictions d'un mauvais augure qui veut inoculer son venin avant de disparaître. Nous ne nous sommes jamais entendus, ce n'est pas une découverte. Et je préfère ignorer ses paroles.

À l'évidence, j'avais besoin de repos, avant de revenir avec un œil neuf.

# Premier intermède suisse

Zurich, mai 2012

Alors que je viens d'arriver à Bambidie pour une nouvelle mission, le directeur général suisse qui officie désormais à la tête de la CFT au Gabon arrive de Libreville. Visite d'inspection habituelle. Il m'invite à présenter mon travail à l'assemblée générale des actionnaires à Zurich. Son offre me surprend. J'ai parfois le sentiment d'être le petit caillou dans la chaussure des forestiers. Cette invitation inscrit clairement mon action dans la démarche d'exploitation raisonnée souhaitée au plus haut niveau et entérinée chaque année dans cette assemblée générale. Celle-ci se déroule au début du mois de mai. Gérôme, un cadre de la CFT avec lequel j'avais mené des séances de sensibilisation aux gorilles auprès des travailleurs de la compagnie, fait le voyage pour témoigner à mes côtés.

Zurich me plonge dans un état de flottement. Je parcours les rues de cette ville cossue comme un touriste un peu groggy par le décalage, non pas horaire mais culturel. Je ne parviens pas à trouver le dénominateur commun entre un villageois de la forêt gabonaise et un habitant de la Banhofstrasse, une des rues les plus chères du monde.

Les responsables du conseil d'administration m'accueillent avec chaleur. Tous parlent français. C'est un soulagement, leur dis-je. Ils me rassurent : tous les actionnaires parlent au moins trois langues dont le français. J'ai préparé un petit film de présentation, mais ils souhaitent que j'expose mes résultats, chiffres à l'appui, à l'aide d'un Power Point. Je suis un homme de terrain. Je n'ai pas l'habitude de ce genre de présentation. Mais Gérôme a préparé un diaporama pour moi. Je fais un essai devant les membres du conseil d'administration. Sans surprise, je m'emmêle les pinceaux, incapable de synchroniser mon discours avec ce qui s'affiche à l'écran. Je vois bien les visages dépités des Zurichois passer de l'incompréhension à une sorte de triste bienveillance au fur et à mesure que j'avance ou plutôt patauge dans le marigot de ma confusion.

À l'issue de cette réunion préparatoire, le président du conseil d'administration me propose de commenter mon film en direct, comme je l'ai prévu. Il a bien compris que je ne suis pas un homme de chiffres, que je suis plus à l'aise sur le terrain auquel le film me rattache. J'apprécie d'être accepté tel que je suis. Il ne cherche pas à me faire entrer dans un moule inadapté. J'aime cette souplesse. Les Suisses s'adaptent, bien plus facilement que nous ne le faisons en France.

Bien que peu préparée, ma prestation est une réussite. J'ai même droit aux applaudissements nourris de l'assemblée. Pour autant, même si je suis content d'avoir pu exposer mon travail aux actionnaires, je ne sais pas trop en quoi cette présentation pourra changer la donne. Et tandis que je vole en direction de Libreville, j'espère seulement qu'on me laissera poursuivre mon action.

# Expédition VIII :
# Des racines et des bourgeons : la fondation Jane Goodall

Bambidie, mai-juin 2012

Retour à Bambidie pour reprendre la mission interrompue par mon voyage à Zurich. J'ai hâte de retrouver mes petits. Dès mon arrivée, j'ai droit au récit d'une attaque. Un ouvrier d'une société forestière concurrente de la CFT a été « déchiqueté » par un dos argenté. Cinq morsures et une jambe retournée… Les gorilles se rebiffent quand ils se sentent menacés. La blessure est sérieuse. Mais entendre de nouveau des discours sur la dangerosité des grands singes me désespère. Et si l'on parlait plutôt de la dangerosité des hommes ? L'incompréhension de mes interlocuteurs est grande quand je pose cette question. Mais le plus rageant est la situation autour de ma clairière. Toute la forêt alentour est occupée par les équipes d'inventaire et d'exploitation. Cela représente beaucoup de monde.

Peu de chance d'observer quoi que ce soit dans une telle agitation.

J'installe cependant ma plate-forme. Le périmètre est protégé, exclu de la zone d'exploitation. Les gorilles pourront s'y réfugier si l'activité devient trop forte dans la forêt. Les abeilles sont moins nombreuses qu'à l'automne dernier, mais toujours aussi agaçantes. Il devrait y en avoir moins en cette période, mais la saison des pluies joue les prolongations. Il pleut et les ruisseaux sont devenus des rivières infranchissables. Heureusement, j'ai installé une bâche imperméable pour me protéger de la pluie. Un seul souci : les fourmis la mangent. J'espère que la pluie cessera avant qu'elles ne la détériorent trop et la rendent inutile. Si les grosses abeilles de la saison précédente ne sont plus là, d'autres insectes les ont remplacées : des petites abeilles noires, de la taille des moucherons, me harcèlent. Elles s'immiscent partout, dans le nez, les oreilles, la bouche, les yeux… Heureusement, celles-ci ne piquent pas. Mais je suis obligé de me protéger le visage avec un filet de moustiquaire.

Aucune trace de gorilles, pourtant j'ai entendu un groupe au loin. J'entends aussi les équipes des forestiers qui travaillent dans le coin. Je quitte ma plate-forme, m'enfonce dans la forêt à la rencontre de ces hommes. Ils font tant de bruit que je les trouve très vite. Ils ne sont vraiment pas loin de la clairière. Et pour cause ! Le chef d'équipe n'est pas au courant du périmètre de protection établi autour de celle-ci. Sa carte d'exploitation n'est pas à jour. Je passerai à la cartographie ce soir, à mon retour à Bambidie, pour m'assurer que le périmètre est bien protégé. L'équipe d'inventaire me dit qu'il n'y a pas de gorilles dans le secteur de toute façon… Avec le boucan qu'ils font, cela n'a rien d'étonnant.

Je retourne dans mon arbre. La matinée est bien entamée, et une belle journée s'annonce malgré la pluie. J'entends des chimpanzés puis des grognements, sûrement un éléphant. Soudain, des coups de machettes. Les gars débouchent dans la clairière. Ils me voient sur ma plate-forme. Je descends leur expliquer pourquoi il ne faut pas venir ici. Ils sont très intéressés par mon travail et surtout par ma technique pour grimper dans les arbres. Je leur donne un cours accéléré sur le sujet que je maîtrise désormais. Le cours terminé, ils repartent et je les suis. Inutile d'espérer voir un gorille, ce coin de forêt est aujourd'hui plus fréquenté que les Champs-Élysées.

Cette fois, j'ai l'intention de passer quelques nuits sur ma plate-forme. Rester en forêt pendant plusieurs jours est le seul moyen de faire corps avec elle. L'immersion totale permet de rester attentif, à l'écoute des moindres bruits et mouvements. Plus besoin du temps de réadaptation que m'impose le retour quotidien à Bambidie. Dormir sur place et rester connecté à la nature, en faire partie, ne plus être un simple visiteur : voilà mon but.

Pour l'heure, je dois accueillir des membres de l'institut Jane Goodall, ONG avec laquelle je vais collaborer pour la partie éducative de cette mission. Guy-Albert et moi poursuivrons les tournées pédagogiques accompagnés de deux jeunes animateurs et nous devrons travailler selon leur méthode. Mon idée, toujours, est de développer un réseau de partenaires autour de mon projet. Le nom de Jane Goodall, connu à travers le monde entier, peut aider à attirer l'attention sur mes gorilles.

L'institut Jane Goodall existe depuis 1977 et a lancé en 1991 un programme pédagogique, Roots and Shoots (Des racines et des bourgeons), qui répond au besoin de sensibilisation de la population locale gabonaise que j'avais identifié dès 2008. Leur programme de recherche et de préservation des primates se développe avant tout dans les parcs nationaux et les réserves africaines, mais mon projet en pleine exploitation forestière les a tout de même intéressés. Comme moi, leur priorité est la sauvegarde des grands singes. Comme moi, ils sont convaincus que cette sauvegarde passera par l'éducation et l'implication des populations locales. Le fait d'avoir pensé à associer les habitants des villages dès mon arrivée ici, en venant à leur rencontre dans les écoles comme nous le faisons depuis quatre ans maintenant avec Guy-Albert, les a séduits et décidés à m'accompagner.

Les animateurs sont très jeunes, étudiants encore, une fille et un garçon. Amoussa vient de la ville. Elle fait des études de commerce à Libreville. J'ai le sentiment qu'elle est plus intéressée par la marque Jane Goodall que par la protection des primates. Elle est sans doute là pour ajouter une ligne à son CV. Manu, lui, est un amoureux des gorilles, mais il m'avoue qu'il n'en a jamais vu. Savoir qu'ils sont peut-être là, à quelques centaines de mètres, cachés dans la forêt, suffit à provoquer chez lui un sourire béat. Ils n'y connaissent rien, ne connaissent pas mieux la vie des enfants des villages que nous allons rencontrer, mais ils sont motivés, et je ne doute pas de leur envie de bien faire.

Je le vérifie dès la première intervention à l'école de Lelama. Manu est passionné par le sujet et Amoussa très à l'aise avec les enfants. Guy-Albert est là qui observe lui aussi. En sortant de l'école, Manu a entendu les enfants m'appeler « Papa gorilles ». Je crois que cela a conforté ma légitimité à ses yeux. Le lendemain, Manu et Amoussa forment Guy-Albert aux outils pédagogiques utilisés par les équipes de Jane Goodall. Dès le village suivant, je les laisse dérouler leur séance et décide de ne plus projeter mes films pour ne pas casser le rythme de celle-ci. Mes compagnons de tournée pédagogique sont de plus en plus à l'aise et complices au fur et à mesure que nous visitons les écoles. Guy-Albert ajoute de la spontanéité à la méthode appliquée des deux jeunes animateurs, ce qui équilibre l'ensemble. Pourtant, bien vite, je m'aperçois que nous devons nous adapter. Parfois, de nombreux participants quittent la salle, déçus de ne pas assister à la projection d'un film. Guy-Albert a tendance à faire le show face à un public qu'il connaît bien. Il parle trop quand il faudrait solliciter l'assistance, poser des questions. Pour impliquer les habitants, il faut leur montrer qu'ils sont sur la bonne voie, vérifier que les enseignements transmis lors des précédentes visites ont été retenus (à Baposso, j'ai noté que le poster pédagogique distribué l'année dernière est toujours affiché face à la gare routière) et valoriser ce savoir. Les villageois veulent apprendre et demandent beaucoup d'informations notamment sur les lois concernant la chasse. Ils entendent bien ce que signifient les locutions « en danger » et « en voie de disparition » et veulent donc savoir quelles espèces ils peuvent chasser. Jamais aucun fonctionnaire du ministère des Eaux et Forêts n'est venu le leur expliquer.

Pourtant, un représentant de cette administration est détaché auprès de la CFT : Elvis. Au début de cette mission, il m'a sollicité pour animer avec lui une séance de sensibilisation auprès des ouvriers qui chassent discrètement. Je me suis rendu avec lui au foyer des travailleurs où ces derniers viennent boire un verre après leur journée. Elvis a tenté de leur présenter le principe des quotas, les différentes espèces protégées. Les gars écoutaient, mais je devinais à leurs regards, leurs attitudes, qu'ils ne voyaient là que des obstacles à contourner. L'une des questions posées à la fin de notre intervention l'illustrait bien : « Je suis en voiture, mes freins lâchent et au même moment un troupeau de potamochères traverse la piste. J'en tue une dizaine. J'ai le droit de récupérer la viande ? »

Les habitants des villages se révèlent bien plus réceptifs à notre discours. Je sens que certains sont prêts à nous suivre. Pas tous bien sûr, mais c'est déjà un début. Certains accusent les travailleurs de la CFT de chasser sur leur territoire. Je n'en doute pas. C'est un sujet délicat dont la compagnie devrait s'emparer. Un conflit avec les villageois n'est jamais bon. Le directeur de l'école de N'Dambi m'a tout de même assuré que la chasse aux gorilles avait baissé depuis qu'ont lieu ces tournées pédagogiques. Je suis rassuré même si je sais que les efforts en ce sens ne doivent pas faiblir, qu'il faut répéter ce discours pour l'ancrer dans les esprits. Que des jeunes comme Amoussa et Manu s'en emparent me met du baume au cœur.

Pendant que se déroule la tournée pédagogique, j'accueille un journaliste, un correspondant de RFI au Gabon qui réalise aussi un reportage filmé sur les forestiers pour TV5. Toujours dans mon esprit, la nécessité de faire connaître la cause des gorilles. Ensemble nous partons en forêt, mais le journaliste ne reste que deux petites journées, trop peu pour voir des singes. Nous ne parvenons même pas à en enregistrer de loin. Pour illustrer son reportage radio, je lui fournirai des enregistrements afin qu'il puisse réaliser un montage. Nous avons cependant eu un souci avec les autorités locales, le sous-préfet et le colonel de gendarmerie ont confondu TV5 avec TV+, chaine de l'opposition politique. Le sous-préfet a fait arrêter le journaliste. Quand ils l'ont relâché quelques heures plus tard, il n'a pas pu récupérer ses enregistrements. Confisqués ! Pour le principe… Il a fallu refaire les prises de vue pour TV5.

J'en oublierai presque l'activité des forestiers autour de ma clairière. Elle est trop perturbée pour y observer les gorilles. Même si le responsable de la cartographie de la CFT m'a assuré que l'exploitation ne la toucherait pas, le bruit alentour éloigne les animaux. Il me faut trouver de nouveaux espaces et pour cela je compte sur le nouveau survol aérien que j'ai organisé.

Cette fois, je n'ai pas le mal de l'air, ni le vertige, pourtant je ne suis pas rassuré. Nous volons sans la porte latérale du Cessna. Certes, cela permet de mieux observer la forêt, d'y repérer les taches claires, mais je ne peux m'empêcher de revivre ce rêve qui m'a réveillé quelques nuits plus tôt, à l'approche de ce survol : je m'y voyais détacher ma ceinture de sécurité et me laisser glisser dans le vide, plongeant dans l'immensité verte. On a l'impression que la cime des arbres va nous accueillir comme un moelleux matelas. Vue d'avion, la forêt ressemble à un assemblage de brocolis posés les uns à côté des autres, mais qui ne se touchent pas. Cet espace qui fait que leurs branches ne se mêlent jamais s'appelle la timidité des arbres. Elle se voit mieux depuis le sol. Lorsque l'on regarde les arbres par en dessous, on distingue une mince ligne de ciel qui les sépare les uns des autres. Il suffit de se coucher par terre (ce que je déconseille dans la jungle : trop d'insectes, et quelques serpents, circulent sous les feuilles) pour réaliser des photos magnifiques. C'est un phénomène qui s'observe dans toutes les forêts du monde, qu'elles soient du Morvan, de Białowieża[1] ou du Gabon.

Du ciel, je repère quelques taches qui pourraient bien être des clairières. L'une d'elles se situe dans une zone où j'ai travaillé avec Alex en 2008. C'est un secteur dans lequel les forestiers sont passés récemment. L'exploitation a laissé de profondes saignées dans la végétation et je ne reconnaîtrais rien une fois au sol. Les quelques repères que j'aurais

1. Dernière forêt primaire européenne, Białowieża, située entre la Pologne et la Biélorussie, s'est formée il y a dix mille ans et témoigne de ce qu'était le paysage du Nord et du Centre de l'Europe. Elle est classée au patrimoine mondial de l'Unesco.

pu garder en mémoire ont sûrement disparu sous les chenilles des bulldozers. Il est par ailleurs difficile de relever des points GPS en avion. Ce qui semble proche depuis là-haut se trouve à des centaines de mètres, voire plusieurs kilomètres une fois au sol, et le chemin qui y mène n'existe pas. Il faut l'inventer à coups de machette.

Malgré cela, le survol est décevant. Dans le ciel, je perds mes repères. Peut-être aurais-je dû procéder différemment, parcourir le terrain d'abord. Une fois au sol, je ne retrouve pas les clairières. Je cherche pendant des jours, marche des kilomètres, suis des ruisseaux en espérant qu'ils me mènent jusqu'au marigot espéré, en vain. Je marche et rien ne vient. Je tourne en rond. Oubliés les brocolis fantasmés depuis les nuées. Retour sur terre. J'ai fait chou blanc.

À défaut d'une nouvelle clairière, Nicolas, responsable de l'inventaire d'exploitation, me propose de délimiter une zone de protection autour de la mienne. Pour cela, il dépêche une équipe. Les machetteurs ouvrent un layon de trois mètres de large autour de mon sanctuaire. Tous les vingt mètres, ils marquent un tronc à la peinture rouge. Je ne vois pas l'intérêt de ce dispositif qui perturbe l'environnement de mes petits. J'ai le sentiment que Nicolas propose cela pour me rassurer. Il sait comme moi que c'est illusoire. J'ai trouvé à l'intérieur de cette zone du bois déjà compté et donc destiné à être abattu. Selon lui, tous les bois sont inventoriés, y compris ceux situés dans les zones protégées. J'ai du mal à y croire. Le Remplaçant m'avait assuré quant à lui que l'inventaire ne devait pas intervenir ici. De plus, je pense qu'au moment de choisir entre la paix des gorilles et des bois qui représentent des milliers d'euros, il n'y aura pas d'hésitation. Mais le risque le plus important est celui de perturber le réseau hydraulique de la clairière. Et ce n'est pas en peignant les arbres que l'on peut l'éviter.

La cupidité des hommes n'est plus à démontrer. Elle m'est une fois de plus révélée alors que la fin de ma mission approche. Fin juillet, une équipe d'inventaire trouve un éléphant abattu. Dès le lendemain, nous allons retirer les défenses de ce pauvre animal avant le retour des braconniers. Ces derniers laissent toujours s'écouler quelques jours avant de les prélever. La viande ainsi pourrit et elles se détachent sans effort. Avec difficulté, nous découpons à la scie à métaux la première. Il est trop tard pour attaquer la deuxième. Nous reviendrons demain. Les Gabonais qui nous ont guidés jusque-là ont prélevé de la viande. Pourquoi les en empêcher maintenant que le mal est fait ? Laisser perdre cette nourriture gratuite aurait été incompréhensible pour eux. Le lendemain, la deuxième défense a disparu. Les braconniers sont venus récolter leur butin dans la nuit.

Et les gorilles dans tout ça ? Il y a deux ans, lorsque la CFT m'avait annoncé l'exploitation de la forêt autour de ma clairière, je m'étais emballé à l'idée de les observer confrontés à une forte activité humaine. Aujourd'hui, je peux affirmer que c'est une chose impossible. Ils ont presque déserté la clairière. J'ai croisé quelques solitaires, de loin. J'ai dû me contenter de les entendre, le plus souvent. Quant aux groupes, je les compte sur les doigts d'une main. Pourtant, j'ai passé plusieurs nuits sur place, bien installé sur ma plate-forme, un solitaire pour copain de chambrée. Mais même au petit matin, les gorilles ne venaient pas.

À plusieurs reprises, je suis allé explorer d'autres espaces. À Lifouta et à Milolé. Mais rencontrer les gorilles en marchant en forêt, le long d'une piste ou autour d'une saline, est hasardeux. Ces tentatives m'ont renvoyé à mes débuts, avant la découverte de la clairière. Je me suis remémoré les longues journées de marche avec Alex. J'ai pris de mauvaises habitudes depuis, celles de voir chaque jour plusieurs gorilles, des groupes et des solitaires, souvent les mêmes, au point que beaucoup me sont devenus familiers. Leur rareté à présent prévient toute habituation. Et dire qu'il m'est arrivé de trouver certains gorilles un peu trop proches. Des jeunes adultes le plus souvent, qui par curiosité me suivaient dans la forêt. Il y en avait toujours un dans les parages. C'était à la fois formidable et gênant, car ils faussaient un peu mes données. L'un d'eux, un jeune mâle, apparaissait souvent sur les films de mes pièges vidéo. Sans doute passait-il après moi pour vérifier à son tour si l'appareil fonctionnait bien... Cette époque me paraît si loin ! C'était il y a quelques mois à peine pourtant, mais je crains qu'elle ne soit révolue.

Au moment de quitter Bambidie, j'éprouve un sentiment amer, celui d'avoir enchaîné les échecs durant cette mission. Une clairière perturbée par les forestiers, peu de gorilles, un repérage en avion infructueux... Même le journaliste que j'ai accueilli s'est retrouvé entravé par les gendarmes. Et puis il y a l'image de cet éléphant abattu par les braconniers dont j'ai dû scier une défense. Je crois que l'on ne peut pas faire pire. Heureusement, la tournée pédagogique avec les deux animateurs envoyés par l'institut Jane Goodall a bien fonctionné. C'est au moins ça et ce n'est pas rien. Je crois beaucoup en la transmission aux jeunes générations pour faire avancer la cause de mes petits. C'est peut-être même la seule piste à suivre...

# Expédition IX : Le paradis perdu

Bambidie, janvier-mars 2013

Je décolle de Roissy le 1er janvier. L'année 2013 s'ouvrira avec les gorilles. On dit que le chiffre 13 porte malheur. Chez les Chinois, c'est le contraire. Je ne sais pas pourquoi. À vrai dire peu m'importe. Je ne suis pas superstitieux. J'espère seulement ne pas revivre les mauvaises expériences de l'expédition précédente.

Dès mon arrivée à Libreville, je retrouve le journaliste de RFI, celui qui s'était retrouvé sous les verrous il y a quelques mois. Nous avons rendez-vous *Chez Pélisson*, un café de style colonial. Autour de nous, des hommes d'affaires gabonais qui boivent et mangent tout en se faisant cirer les chaussures.

J'aimerais qu'il m'aide à diffuser un film à la télévision gabonaise, deux minutes sur la protection des gorilles. C'est envisageable. Il peut m'accompagner pour m'obtenir un tarif préférentiel. Il faut payer le directeur de l'information, me dit-il. C'est une pratique étrange à mes yeux. Quand je lui en fais la remarque, il me rappelle que l'homme blanc est en grande partie responsable de l'état actuel de l'Afrique. Je laisse de côté cette idée pour l'heure et quitte Libreville.

Première nuit à Bambidie. Une grosse averse me réveille à deux heures du matin. Le toit de ma case n'est pas étanche et je passe la nuit à éviter les gouttes dans mon lit. « Toute la pluie tombe sur moi », comme dit la chanson. Cela pourrait me miner le moral, mais je suis si heureux d'être ici, sans le Remplaçant pour me mettre, peut-être pas des bâtons dans les roues, mais des étudiants dans les pattes. Plus question d'être parasité dans ma mission par de jeunes universitaires inexpérimentés qui veulent en remontrer à l'autodidacte que je suis. Je suis arrivé ici le cœur léger de savoir que je n'aurais plus à négocier avec lui le déroulement de mes missions. Plus personne ne semble s'intéresser à ce que je fais ici. Ce n'est peut-être pas plus mal.

Le lendemain, la pluie continue et prévient toute sortie en forêt. Une semaine déjà que je suis au Gabon et je m'impatiente de retrouver la brousse. À la première éclaircie, je pars visiter ma zone de travail, celle où se trouve la clairière. Après cinq mois en France, je reprends doucement contact avec la jungle. Une sorte de décrassage. Il me faut affûter mes sens. La zone est calme. Je ne repère aucune trace de chasseurs, mais les forestiers ne sont pas loin. À coups de bulldozer, ils élargissent les pistes. Je trouve une crotte de gorille, fraîche du matin. Je pose un piège vidéo à proximité. Demain, j'irai à Milolé, secteur qui n'est pas encore exploité par les forestiers. Il faut que je contrôle l'état de la plate-forme qui s'y trouve, que je vérifie la possibilité d'y dormir.

Rejoindre Milolé prend du temps. Presque deux heures de route auxquelles s'ajoutent deux heures de marche. Tandis que je m'assure que tout est en ordre, je reçois la visite d'un gros éléphant. Il marche dans la rivière, son dos est maculé de boue séchée, ce qui lui permet de se débarrasser des parasites et de se rafraîchir en même temps. C'est un gros spécimen dont les défenses sont immenses et je ne peux m'empêcher de penser qu'elles représentent un danger pour lui. Les braconniers n'hésiteraient pas à l'abattre pour les lui voler. Les images du cadavre de l'éléphant découvert lors de ma dernière mission sont encore bien présentes.

Le jour suivant, je retourne dans ma zone et visite la clairière. Enfin ! J'y trouve des traces fraîches d'éléphants, bien plus que d'habitude. Ils ont l'air si nombreux que leurs passages modifient le paysage. Ils creusent des chenaux dans les hautes herbes et même des petits lacs de boue aux endroits où ils s'ébrouent.

Il est 10 heures quand j'entends un gorille. Il se frappe la poitrine. Il se trouve à une centaine de mètres. Quelques instants plus tard, un gorille fuit devant moi à travers la végétation. Je l'avais senti sans le voir. C'est sûrement un curieux dont le groupe n'est pas loin. Le dos argenté m'observe peut-être depuis le couvert de la forêt.

En revenant vers la clairière, je découvre qu'elle est traversée par un gros ruisseau en son milieu. S'est-il formé avec les fortes pluies tombées il y a deux jours ? Le paysage en est dévasté. De larges coulées de boue s'étendent de part et d'autre du ruisseau. Les herbes dans lesquelles les gorilles se prélassaient en grignotant leur tige ont disparu. Je comprends maintenant la forte présence des éléphants. Il faut absolument que je trouve un passage vers l'autre côté pour mesurer l'étendue des dégâts. À l'image de la clairière, je suis ravagé.

Sur le chemin du retour à Bambidie, j'oscille entre le dépit et la colère. Bien sûr les dernières pluies ont été fortes. Mais à bien y réfléchir, elles ne l'ont pas été davantage que les précipitations habituelles. Depuis quatre ans que je fréquente cet endroit, que j'y observe les gorilles, c'est la première fois qu'un tel chamboulement se produit. J'ai beau remonter le fil de mes souvenirs, scruter le paysage qui m'entoure, le seul changement depuis la découverte de ce havre de paix est une évidence. Au volant de mon 4x4 sur la piste principale qui me ramène à Bambidie, je vois, stationnés non loin de la piste, les engins, bulldozers et débardeurs, que les forestiers utilisent pour accéder aux bois précieux cachés au cœur de la forêt. Me reviennent à l'esprit les paroles du Remplaçant avant son départ. Il m'avait conseillé de bien inscrire la zone à protéger autour de ma clairière, sans oublier les nombreux ruisseaux qui l'alimentent. Il m'avait alerté sur la fragilité de cet écosystème, de ce réseau hydraulique complexe qu'un bulldozer peut saccager en quelques secondes. Une simple poussée de terre suffit à obstruer un ruisseau, à en détourner le cours, ou à en souiller les eaux. Elles traîneront avec elles les limons dont on les a chargées trop lourdement jusqu'à l'endroit où elles pourront les épandre : la clairière. Je me souviens avoir mis en doute la sincérité de ses paroles. Quelle ironie ! Le seul à m'avoir prévenu de cette catastrophe est celui avec lequel je m'entendais le moins… Je me souviens de gestes dérisoires : ouvrir un layon et marquer de rouge les arbres pour délimiter mon sanctuaire. La menace était invisible, sournoise, une poignée de terre jetée dans l'eau capable de parcourir des kilomètres. Des tonnes en l'occurrence, destructrices et pourtant insignifiantes à l'échelle de l'immensité de la forêt tropicale.

Arrivé à Bambidie, je me rends au club, où je retrouve quelques employés déjà installés en train de siroter une bière.

« Alors, Max, comment ça s'est passé aujourd'hui ? » me demandent-ils.

Je leur raconte ma triste découverte et vois dans leur regard qu'ils comprennent que les équipes d'exploitation à l'œuvre dans ce secteur sont à l'origine de cette coulée de boue dévastatrice. Ils n'en disent rien. Ils savent que je fais le lien moi aussi. L'incompatibilité de nos objectifs est flagrante, si grosse qu'elle jette un froid dans la conversation.

Les jours qui suivent, je m'installe à Milolé. Sur la plate-forme construite par les forestiers, je suis en parfaite position pour observer la faune. Cette clairière est plus souvent visitée par les éléphants, mais les gorilles viennent parfois s'y nourrir des herbes dont les racines plongent dans les fonds chargés en oligoéléments. C'est ce que les pachydermes cherchent ici. Ils fouillent la vase de leur trompe, font remonter ces nutriments et boivent l'eau ainsi enrichie.

Ils viennent dès le premier jour malgré le bruit que je fais en m'installant. Plusieurs familles avec des petits se succèdent dans la saline, même après la nuit tombée. À 21 h 30, je mets des boules Quies. Mes nouveaux copains de chambrée sont trop bruyants… Je suis réveillé en sursaut au milieu de la nuit. Pas par les éléphants, mais par un gros orage qui a arraché une partie de la bâche qui protège la plate-forme. La partie sous laquelle je dors résiste aux assauts de la pluie et du vent. Il me faudra la fixer plus solidement demain.

Quand je me réveille, il pleut toujours. Le ciel est bouché, l'humidité partout ; la luminosité faible. C'est une triste journée comme il peut y en avoir sous les tropiques à la saison des pluies. L'eau de la rivière qui alimente la saline est boueuse à cause des fortes précipitations. J'attends mes visiteurs du soir. L'apparition d'un éléphant a toujours quelque chose de fantastique, sa démarche souple, sa taille, sa robe. Sa couleur n'a rien à voir avec celle que j'ai pu voir à la télévision. La forêt change la perception des choses. Je le regarde procéder à son rituel. C'est un joli spectacle que je filme pour le plaisir. Ces images nourrissent tout de même mon étude des gorilles. Elles témoignent de leur environnement, des espèces qu'ils côtoient. De loin, pour l'instant, car, si j'en ai entendu ce matin, je n'en ai vu aucun.

Je me couche à la nuit tombée. Un autre visiteur arrive. Je l'entends qui, de sa trompe, émulsionne le fond de la rivière. C'est un bruit rassurant à mes oreilles, tandis que, confortablement installé sur ma couchette, je lis *L'Origine des espèces* de Charles Darwin. Lire ce texte au beau milieu de la forêt tropicale tandis qu'un éléphant s'ébroue dans les eaux voisines est déjà une étrange expérience. Je suis de plus plongé dans une obscurité profonde et sonore comme seule la jungle peut en être le siège. Du monde qui m'entoure, je ne perçois que les bruits. Je m'évade bien vite de ma lecture pour imaginer le voyage de Darwin à bord du *H.M.S. Beagle*, accostant en Afrique, en Amérique du Sud, en Australie, visitant les îles Galápagos, Tahiti, Maurice ; profitant de certaines escales pour expédier en Angleterre les nombreux prélèvements qui étaieront vingt ans plus tard le livre que je tiens entre les mains. Qu'a-t-il éprouvé en découvrant la forêt tropicale ? Comment un naturaliste du XIX^e siècle appréhendait-il un univers aussi éprouvant, dont il n'avait entendu parler que par les témoignages, écrits et gravures, des explorateurs qui l'avaient précédé ? Dans la nuit profonde, j'entends un autre éléphant qui approche et pénètre dans l'eau. Impossible de dormir. Je cogite. Qu'est-ce que je fais là ? Ma grande et belle clairière à gorilles n'est plus, son écosystème est bouleversé pour longtemps. Il faudra des années avant que ne repoussent les herbes dont raffolent les singes et encore plus de temps pour que ces derniers ne reviennent s'y nourrir.

Je reste à Milolé jusqu'à la fin de la semaine, en espérant réaliser quelques belles photos.

Je profite de chaque éclaircie pour explorer les alentours et chercher les gorilles qui, jusque-là, ne sont pas venus à la saline. Je remonte la rivière sans grande conviction. Aucune trace de mes petits. L'éléphant est le roi ici. Milolé est son domaine, qu'il partage avec le buffle cependant. Un roi du soir.

Il vient peu en journée. Et tandis que je parcours les alentours, je me revois quelques années plus tôt, errant sur les pistes avec l'espoir, souvent déçu, de tomber nez à nez avec un groupe. Quand on a connu le bonheur de les voir venir à soi pendant des mois, de les observer sans qu'ils se doutent de rien la plupart du temps, quand certains qui vous ont repéré vous ont accepté dans leur environnement, intrigués tout de même par cet étrange animal dont le nid est suspendu dans les arbres, il est difficile de revenir au jeu du hasard des rencontres. Et le hasard ne faisant pas toujours bien les choses, j'ai la désagréable surprise de découvrir un cadavre d'éléphant non loin de la saline.

Le dernier jour, je reçois une visite : trois hommes. Je les vois passer devant la plate-forme qu'ils regardent. Ils semblent connaître l'endroit et se demandent bien qui peut l'occuper. Je ne suis pas sur la plate-forme, mais à quelques pas de là, les rejoins pour me présenter. Ce sont des membres de la Wildlife Conservation Society. Je leur montre la dépouille de l'éléphant. Pour celui qui semble être le chef, il n'y a pas de doute, le pachyderme a été abattu d'une balle dans la tête, il y a un mois environ. Les autres doivent le sentir, me dis-je, et peut-être est-ce la raison pour laquelle ils ne viennent pas durant la journée. Sans doute la nuit atténue-t-elle l'odeur. Je n'ai pourtant pas entendu de coup de fusil depuis que je suis arrivé. Mais puis-je me fier entièrement à mes sens ? Je n'avais pas senti cette charogne non plus.

La semaine suivante, je tente de retourner à la clairière abîmée par les forestiers. J'installe un hamac dans un arbre, ce qui me prend la journée. Le lendemain, je suis à mon poste d'observation dès 7 heures du matin, mais rien. Morne clairière. Aucun bruit. Aucun mouvement. C'est comme si elle était morte. En son milieu, cette coulée de boue, toujours présente. Il faudra longtemps, des années peut-être pour que la nature l'évacue. Si elle y parvient… J'ai le sentiment que les forestiers ont définitivement bouleversé ce fragile écosystème. Il aura suffi d'un peu de terre poussée par un bulldozer lors du terrassement d'une piste, d'un ruisseau à proximité dans lequel à chaque pluie la terre meuble est emportée. Lors de ce type de travaux, inverser la pente d'une zone en y étalant de la terre peut entraîner des conséquences lourdes. Les eaux de pluie ne sont plus évacuées dans la même direction. Elles ravinent les sols, bouleversent un agencement naturel établi depuis des siècles, des millénaires. La nature et l'homme moderne vivent sur des échelles de temps différentes. Comment faire pour les rapprocher ? Je n'en sais rien, et plutôt que de me soumettre à ce spectacle désolant, je retourne à Milolé, où la nature a moins souffert de la présence humaine. Depuis la repasse des forestiers dans les zones où je travaillais précédemment, j'ai de sérieux doutes quant à la possibilité d'exploiter le bois tout en préservant l'environnement et la biodiversité même avec les principes vertueux appliqués dans les concessions sous aménagement durable. La forêt en ressort en très mauvais état. Et de ce que j'ai pu observer, les animaux ne sont plus là. Et je ne parle pas seulement des plus grands. Quand on sait l'interdépendance des espèces dans le milieu naturel, on peut s'inquiéter aussi du sort des insectes et des oiseaux.

Je m'installe dans l'ancienne maison du gardien de la barrière de Milolé. Tout autour, des traces d'éléphants, de buffles et de petits mammifères. Je rejoindrai la plate-forme plus tard. Je voudrais d'abord explorer une piste à proximité, dite « poubelle ». Pendant l'exploitation, les forestiers ouvrent un chemin au bout duquel ils creusent un trou pour enterrer leurs ordures. Une mini-décharge, rebouchée avant de quitter les lieux, et par-dessus laquelle repousse la forêt. Ni vu ni connu.

Le lendemain, je longe cette piste durant trois kilomètres et trouve quelques indices de passage de gorilles, des plantes grignotées, et une cartouche de fusil de chasse. Très vite, je m'arrête. Une fois de plus, je constate que je ne suis plus en mesure, mentalement, mais aussi physiquement, de reprendre les prospections hasardeuses comme il y a quatre ans.

Retour à la plate-forme de Milolé. Sur le chemin, j'ai croisé des chimpanzés. J'ai eu l'impression de rencontrer des vieux copains, un peu bruyants, un peu envahissants, mais qu'on est heureux de retrouver. J'ai aussi vu des traces de gorilles. À peine suis-je installé qu'arrive un troupeau de buffles, cinq, qui s'ébrouent dans une mare de boue. L'ambiance ici me redonne un peu d'énergie, sans effacer le spectacle désolant de la clairière.

Il sera plus difficile d'observer des gorilles ici, mais j'attends les éléphants avec le même plaisir. Il fait beau et chaud. Un vent léger souffle sur la saline apportant avec lui les odeurs de charogne. Voilà qui me ramène à la réalité de la forêt tropicale, à cette confrontation permanente, invisible le plus souvent, entre la nature sauvage et la présence de l'homme, entre la vie et la mort.

La nuit vient. La lune éclaire la saline d'une lueur pâle. Soudain, telles des figures fantomatiques, deux gorilles passent dans la clarté blafarde. Leur apparition a été brève et je me demande si je ne l'ai pas rêvée tant je me désespère de les retrouver. Ils sont là, plus discrets qu'à la clairière, mais bien là.

J'en ai la confirmation au milieu de la nuit. Dans un demi-sommeil, j'entends un bruit que je connais bien, un cloc-cloc familier qui se mêle aux barrissements des éléphants. Le gorille signale sa présence, et celle de son nid, aux encombrants voisins. Cet endroit est incroyablement animé la nuit. Il n'est pas plus calme durant la journée où les calaos prennent le relais. Ils sont aussi bruyants que les goélands de nos côtes bretonnes, celles où désormais je me réfugie après chaque expédition. La pointe du Raz offre à mes yeux un horizon sans limite que la forêt n'a pas. Au cours des semaines en forêt, mon regard s'adapte aux courtes perspectives, aux nuances de vert, aux détails de la végétation. Percevoir les mouvements inhabituels, infimes parfois, qui révèlent une présence animale. C'est facile pour les grosses bêtes, beaucoup moins lorsqu'il s'agit d'un mamba vert qui glisse le long d'une branche. Les plages bretonnes où Monique et moi marchons de longues heures rééduquent mon regard aux vastes panoramas. Le vent remplit mes poumons d'un air frais et vivifiant. Mon corps doucement récupère des fortes contraintes de la vie sous les tropiques qui, mission après mission, me paraissent de plus en plus éprouvantes. Le temps passe, le corps s'use et les gorilles se font rares.

Un mois s'est écoulé depuis le début de cette mission, sans nul doute la plus triste que j'ai eu à réaliser jusque-là. De temps en temps, je retourne à la clairière où mes pièges vidéo restent vides. Pourtant, les gorilles viennent. Peu nombreux, je pense. Je trouve sur un tronc qui leur sert de pont une crotte fraîche. Je regarde autour, scrute les feuillages, écoute, renifle. Rien. Il n'y a pas si longtemps, cette clairière était un paradis. Désormais perdu, à l'évidence.

Milolé n'a pas le même charme. Le pont qui permet d'y accéder, l'ancienne cabane du garde-barrière, la plate-forme construite par les forestiers pour agrémenter leur week-end, tout ici rappelle la présence humaine. Certes, à la clairière, j'entendais le passage des grumiers sur la piste, à quelques kilomètres seulement. Une distance considérable en forêt cependant qui suffit à vous couper du monde. Pour accéder à la saline, j'ai moi-même taillé « une piste de blanc », bien large, bien claire, une piste ouverte par un homme qui craint de se perdre. Je suis donc moi aussi responsable de la facilité d'accès à cet endroit.

Ai-je pour autant favorisé la visite des trois représentants de la WCS ? Je ne le crois pas. Ils ne sont pas venus là par hasard et semblaient connaître les lieux. À la mi-février, la nouvelle me tombe dessus comme une nouvelle coulée de boue. Alors que je viens de passer une dizaine de jours réjouissants, recevant enfin la visite d'un groupe de gorilles, sept membres, me retrouvant un autre jour nez à nez avec un dos argenté, j'apprends que la CFT va détruire toutes les installations créées lors de la dernière exploitation de la forêt ici. Parmi elles, le pont qui permet l'accès à Milolé. Ils y sont contraints par la réglementation FSC qui oblige à couper les accès à la forêt et vise à empêcher les braconniers d'opérer. Les trois membres de la WCS étaient là pour ça. Dans la zone de Milolé, ils ont enregistré grâce à des appareils de nombreux coups de fusil. Je n'ai rien entendu depuis que je suis là. La WCS fait pression sur la CFT pour la remise en état de la zone. Depuis que j'ai vu les dégâts causés à la clairière, je sais qu'une remise en état est impossible. Il s'agit seulement de rendre à la nature ces espaces et d'attendre qu'elle reprenne ses droits. Pour justifier son intervention, la Wildlife Conservation Society avance le chiffre de 1 800 éléphants braconnés au Gabon cette année. Leur annonce relance cependant la politique de préservation des éléphants.

La clairière étant détruite, Milolé et sa plate-forme, son pont qui en facilitait l'accès, m'apparaissaient comme une alternative possible pour mon projet, même si la présence des gorilles était moindre ici. Je dois oublier cette possibilité maintenant. Mais ce qui me désole le plus est le choix qui est fait. Détruire le pont n'empêchera pas le braconnage. L'ivoire se vend plusieurs milliers d'euros le kilo. Une motivation suffisante pour traverser une rivière, même à la nage. Surtout, cet accès laissait penser que les forestiers étaient encore présents ici. Le détruire, c'est annoncer que la voie est libre. Milolé, c'est fini.

Je sens venir la fin moi aussi. Comment continuer le travail entrepris depuis six ans dans ces conditions ? Comment imaginer un avenir radieux pour les gorilles quand ceux qui sont supposés m'épauler oblitèrent les possibilités d'organiser leur préservation ? Je n'oublie pas comment tout cela a commencé. Quelques mots, une question, une boutade pour réponse, échangés sur la route. Mais L'Éléphant n'est plus là. Avec son départ se sont volatilisés la bienveillance protectrice, paternaliste parfois, et le regard attendri sur le rêveur que je suis. J'ai le sentiment que mon projet a doucement sombré depuis son départ. Dans l'euphorie des premières missions à la clairière, je ne m'en suis pas rendu compte, mais le déclin était bien engagé. Son successeur ne m'a jamais pris au sérieux. L'ingénieur s'est toujours méfié de l'autodidacte. Une histoire banale. Inutile de s'y attarder. Mon regard peu académique sur le problème des grands singes, que j'aborde davantage avec le cœur qu'avec des protocoles, l'insécurisait. Nos visions ne se sont jamais croisées, mais elles se sont entrechoquées plus d'une fois. Lui, l'agronome, cherchait à poursuivre l'exploitation forestière sans provoquer la disparition des gorilles. Insuffisant pour moi qui cherche à protéger ces grands primates, envers et contre tout. Et si j'ai pu croire au début que l'activité forestière raisonnée était compatible avec mon objectif, je pense aujourd'hui qu'il n'y a aucune activité d'exploitation conciliable avec la préservation de la nature. Vincent, qui officie désormais au poste de directeur de l'exploitation, ne me rassure pas davantage. La préservation de la faune n'est pas sa priorité. Les forestiers sont là pour couper des arbres, dit-il. Simplifier les choses à ce point me laisse sans voix, et sans beaucoup d'espoir non plus.

Le dernier mois de la mission est décousu. Milolé étant désormais inaccessible, je retourne parfois à la clairière. Malgré la boue, les gorilles y viennent encore, plus rarement, pour se nourrir dans les rares endroits où les herbes ont été épargnées. Je dispense aussi quelques séances de sensibilisation dans les villages. Partout où je passe, mes petits ont mauvaise presse. À Mihanza, les villageois me disent qu'ils ne mangent pas de chimpanzés, mais qu'ils n'ont aucun scrupule à consommer de la viande de gorille, animal féroce et mauvais à leurs yeux. Je diffuse des images sur lesquelles ils sont paisibles, en espérant convaincre les plus jeunes que ce que racontent leurs aînés ne correspond en rien au vrai visage de notre cousin. Dans certaines écoles, les enfants ont réalisé des dessins des animaux de la forêt. Leur préféré est bien sûr l'éléphant. Le gorille est classé bon dernier dans l'ordre de préférence. Même le caméléon et le serpent lui dament le pion.

Cette mission bancale touche à sa fin. J'oscille entre la tristesse et la colère, le dépit et la révolte.

Un discours circule de plus en plus pourtant. L'homme contemporain tend vers une communion avec la nature, un retour aux origines. Ces origines, cette nature, c'est le gorille qui vit dans la forêt. Les origines sont là qui nous attendent et nous ne les voyons pas, le nez dans le guidon de nos occupations modernes. Le gorille, lui, ne travaille pas, il existe, et c'est tout. « Il en faut peu pour être heureux », dit la chanson.

Avant mon départ de Bambidie, je prends un verre avec Vincent. Comme moi, il ne voit pas ma collaboration avec la compagnie continuer bien longtemps. Il me conseille de me rapprocher d'un bureau d'études qu'il connaît, spécialisé dans l'aménagement, et qui travaille avec les sociétés forestières. Inconcevable pour moi. Je ne me vois pas travailler en équipe après des années d'immersion solitaire auprès des gorilles. Et tandis que notre conversation s'enlise, Vincent me parle de ses débuts à la CFT, dans les années 1990. À l'époque, il travaillait comme simple abatteur dans la forêt d'Okondja, à cinquante kilomètres à l'est de Bambidie. Là-bas, les gorilles empêchaient les bulldozers d'avancer. Il se souvient d'un dos argenté faisant face aux engins, menaçant. Il mentionne aussi un trafic de viande de singes qu'une femme vendait directement au bord de la piste. C'était avant que la compagnie obtienne la certification d'exploitation raisonnée, avant que la biodiversité soit un problème. Je ne relève pas ce dernier terme. Pour moi, la biodiversité n'est pas le problème, mais la solution. Je l'encourage à me parler de cette zone d'Okondja, si riche en gorilles, et dont jamais je n'avais entendu parler. Elle est si près que c'est à croire qu'on a voulu me la cacher… J'entrevois déjà la possibilité de rebondir là-bas, de renouer avec l'observation de mes petits dans une forêt épargnée depuis une vingtaine d'années.

***

La nouvelle m'est arrivée à Paris. Quelques semaines après mon départ du Gabon, des gardes de l'ANPN (Agence nationale des parcs nationaux) en patrouille dans la zone tampon que représente Milolé, entre la forêt exploitée et le parc national d'Ivindo au nord, ont fait une macabre découverte : une vingtaine d'éléphants massacrés pour leur ivoire. Les braconniers ont, comme je l'avais pressenti, traversé la rivière pour atteindre la saline de Milolé.

L'enfer est pavé de bonnes intentions. Rendre ces espaces à la nature, c'était aussi les rendre à la nature humaine, avide et insatiable. Les réglementations fixées dans des bureaux loin du terrain ne tiennent pas compte des singularités locales. Les ONG s'empressent de justifier leurs subventions en faisant bêtement appliquer ces textes. Et les éléphants meurent.

Les études montrent que la population des éléphants de forêt se réduit fortement année après année. En 1993, on estimait à 500 000 le nombre d'éléphants de forêt au Gabon. En 2013, ils n'étaient plus que 100 000[1].

1. Source : *Current Biology*, https://www.cell.com/current-biology

# Expédition X : Mon ami Pénéné

Okondja, septembre-décembre 2013

Avant de rallier Bambidie, je passe deux jours à Franceville avec l'Alliance pour la conservation des grands singes et de leurs habitats, un réseau d'organisations de la société civile œuvrant pour la préservation des grands primates de la forêt tropicale en Afrique centrale. J'écoute les interventions des représentants des différents organismes sans me sentir concerné par leurs projets qui ne sont, à mes yeux, que des sparadraps appliqués sur une hémorragie. Les gorilles, comme les chimpanzés, ou, en Asie, les orangs-outans, sont en danger d'extinction à l'état sauvage. Il est probable que nous assistions dans un avenir proche, au cours des deux décennies à venir, à l'extinction des plus fragiles d'entre eux. Les orangs-outans de Tapanuli disparaîtront les premiers. Suivront ceux de Sumatra. Ceux de Bornéo, dont il reste environ 100 000 individus, résisteront davantage, mais la lutte semble déjà perdue face aux menaces que représentent la déforestation (essentiellement pour produire de l'huile de palme) et le braconnage. Ce que vivent les orangs-outans en Asie est ce que connaîtront les grands singes d'Afrique si nous n'agissons pas vite. Il est encore temps de sauver les gorilles, mais il faut pour cela s'attaquer aux causes de leur mise en danger, pas aux conséquences. Et, de ce que j'ai entendu au cours de ces deux journées, l'Alliance propose essentiellement de s'occuper des primates orphelins... De tous ceux qui sont présents à Franceville, je suis le seul à intervenir en forêt et auprès des villages au cœur de celle-ci. Je ne peux pas me figurer une action efficace en restant en ville, loin du territoire où se déroule le drame.

Si je passe par Bambidie après cette réunion, ce n'est que pour récupérer mon matériel et filer au plus vite sur le terrain. Depuis ma discussion avec Vincent au printemps dernier, je suis impatient de découvrir les gorilles d'Okondja. Je suis comme un gosse à l'approche de Noël, mais une petite voix me dit de ne pas trop m'emballer. Je n'ai pas envie de vivre une nouvelle déconvenue. Celles de la grande clairière de Bambidie et de la saline de Milolé m'ont déjà bien miné le moral. Je ne suis pas certain de pouvoir encaisser un nouvel échec. Depuis quelques missions déjà, j'éprouve l'usure du corps soumis aux conditions extrêmes de la forêt tropicale. Mes dernières mésaventures m'ont attaqué mentalement, et je constate que la récupération est plus longue de ce côté-là. Avant de partir à Okondja, je vais à la grande clairière pour vérifier son état. En six mois, la situation n'a pas évolué. La boue est toujours là. Mes petits aussi, semble-t-il, qui viennent se nourrir dans les rares endroits épargnés. Je pose un piège vidéo pour mesurer la fréquence de leurs visites ainsi que leur nombre, moindre que par le passé je suppose, quand, ici, tout n'était qu'ordre naturel et beauté, luxe, calme et volupté.

À Okondja, je m'installe dans l'ancien camp des travailleurs de la CFT, celui utilisé lors de la dernière exploitation, il y a près de vingt ans. J'ai l'impression d'être dans un western, quand le héros sur son cheval pénètre dans une ville fantôme. Tout est là. Les baraquements en bois des ouvriers, les constructions maçonnées des cadres, la pompe à essence, l'atelier des mécanos… On appelle ce village à l'abandon « le camp savane ». Il en existe un autre plus grand à sept kilomètres de là. Le responsable technique de cette base-vie d'Okondja me ravitaille en eau potable et en gas-oil pour mon groupe électrogène grâce auquel je dispose de l'électricité. Le grand confort au cœur de la brousse, en somme.

Sur la carte fournie par la CFT, j'ai repéré un dénivelé important, abrupt comme une falaise. Dès le lendemain, je m'engage sur la piste qui mène à cette déclivité si j'en crois les relevés faits par les forestiers. Je trouve des parasoliers dont des branches cassées témoignent de la présence de grands singes. Le dénivelé est moins accessible que je ne le pensais. Il me faudra plusieurs jours pour dégager la piste et l'atteindre. En suivant le chemin qui longe la ligne de crête, j'espère trouver un passage et descendre au creux de la forêt. Est-ce une faille géologique ? La bordure du cratère d'un volcan éteint ? J'aimerais en connaître davantage sur l'histoire géologique de la région. Je pourrais mieux comprendre le paysage qui m'entoure. Pour l'heure, je veux simplement accéder à ce qui se trouve plus bas. J'ai l'intuition que les gorilles disposent là d'un sanctuaire quasi coupé du monde tant les bas-fonds de cette jungle me semblent difficiles d'accès.

Pour gagner du temps, je décide de remonter la piste qui mène à la crête en voiture. Je dois couper de grosses branches qui barrent la route, mais je m'épargne douze kilomètres de marche. Du bord de la faille, je domine la forêt. Je mesure l'étendue du territoire à explorer. Je suis à la fois submergé par l'ampleur de la tâche et impatient de me plonger dans les profondeurs de cette végétation. Je dois me glisser dans la peau d'un gorille ou même d'un homme primitif qui doit vivre ici, écouter mon instinct, retrouver les réflexes, les intuitions des origines, pour trouver les bons chemins et éviter les dangers.

Le seul moyen de descendre est d'emprunter un passage ouvert par les éléphants. Ils sont capables de s'engager sur des chemins qu'un homme jugerait trop périlleux. J'en trouve un, qui traverse un énorme roncier. Il y creuse un tunnel duquel pourrait bien surgir en sens inverse un pachyderme. Mieux vaut en chercher un autre.

Je poursuis le long de la crête. Je note de nombreuses traces d'éléphants et de buffles, mais peu de gorilles. Le deuxième passage que je trouve est dans un secteur plus boisé et descend en pente douce à flanc de coteau. Il est tard. Je pose un repère pour le retrouver la prochaine fois, dans quelques jours, car je dois retourner à Bambidie pour changer l'embrayage de ma vieille voiture, la même depuis le début, et qui a tant souffert des kilomètres parcourus sur les pistes plus ou moins carrossables de la forêt gabonaise.

Effectuer les quatre-vingts kilomètres qui séparent Okondja de Bambidie avec un embrayage défectueux me prend cinq heures. L'idée de rester plusieurs jours là-bas parmi les forestiers ne m'emballe pas. Je préfère la solitude de ma ville fantôme. Pendant que je suis là, Vincent, le responsable d'exploitation, me propose d'aller visiter une saline en compagnie d'un jeune employé récemment recruté et d'une stagiaire gabonaise des Eaux et Forêts. Comme L'Éléphant en son temps, Vincent a sa saline, où il amène les nouveaux venus pour les impressionner, les émerveiller en leur montrant des éléphants. Peut-être lui-même a-t-il eu droit à cette attention quand il est arrivé il y a vingt ans. Pour ma part, je n'ai pas oublié ma première visite. Me serais-je trompé sur son compte ? Serait-il plus sensible à la question environnementale que je ne le pense ? Mes doutes sont balayés en arrivant sur place. Pour accéder à la saline, Vincent a fait ouvrir au bulldozer une large piste pour s'éviter de marcher en forêt…

Un mois est passé depuis mon arrivée au Gabon. L'embrayage de mon 4x4 réparé, je retourne à Okondja. Dès le lendemain, je repars en brousse. Je suis en train de me préparer quand un groupe de villageois lourdement chargés passe devant la maison que j'occupe. Je m'avance pour les saluer. Ils sont quatre, du village de Mamidi, distant de sept kilomètres, proche du grand camp de la CFT. Leur chef s'appelle Pénéné. Il a une bonne tête et un œil crevé. Ils vont déposer leur matériel d'orpailleurs près de la rivière où ils prospectent, à trois jours de marche de là. Je vais dans la même direction. Fidèle à mes principes, je propose de les avancer. Deux gars montent sur le plateau de mon pick-up, un troisième à l'arrière. Le chef s'installe à côté de moi. L'homme sur le siège arrière est son fils. Pénéné me parle d'endroits mirifiques où les gorilles et les éléphants se comptent par dizaines. J'ai envie d'y croire et conviens avec lui d'une visite dans son village pour en discuter. Je gare la voiture et nous poursuivons à pied. Pénéné porte des claquettes de plage. Il regarde mes chaussures de marche, solides, et me demande si je n'en ai pas une paire pour lui.

« Pas dans ma voiture, je lui réponds, mais j'en ai une vieille paire au camp. »

Au croisement d'une piste, nous nous séparons et fixons un rendez-vous dans trois jours pour le retour.

Je les retrouve au même endroit. Dans l'intervalle, je n'ai guère progressé. Je ne parviens pas à découvrir le passage qui me permettrait de descendre au creux de la forêt. Je longe les pistes, repère parfois des éboulements rocailleux instables à travers la végétation. C'est par là que s'écoulent les fortes pluies. Certes ils vont dans la bonne direction, mais ne sont guère praticables, trop dangereux. Quand je rejoins ma voiture ce jour-là, nous sommes en milieu d'après-midi. J'ai jeté l'éponge, épuisé de chercher en vain depuis trois jours. Pénéné et ses hommes sont là qui attendent depuis le matin. Ils ont déposé leur matériel près de la zone aurifère où ils vont travailler, mais reviennent chargés d'un sac rempli de viande de brousse, de l'antilope. « Le gibier, en forêt, ça ne peut pas finir », me dit Pénéné. Je ne réponds pas, mesure seulement le chemin à parcourir. Comment expliquer à ces hommes dont la subsistance dépend de la chasse que cette abondance peut s'arrêter ? Leur dire que nous avons presque vidé les océans ne servirait à rien. Ils n'en ont certainement jamais vu, ni l'abondance et l'excès des grandes métropoles, du gaspillage dont elles sont le théâtre. Tout cela relève d'une abstraction pour eux. Si loin de tout, ils vivent de peu. Tout en conduisant, je jette un œil vers les tongs de mon passager. Il faut absolument que je pense à lui donner ma vieille paire de chaussures de marche.

Sur la route, Pénéné me fait la conversation. Il m'apprend qu'il a 71 ans selon son état civil, mais que celui-ci est sans doute faux. Cela ne le dérange pas. C'est une chose inconcevable en France, qui illustre encore l'écart entre nous. À Paris, ma vie dépend étroitement de mon existence administrative. Une seule pièce manque au dossier et tout est arrêté. L'important ici est ailleurs. Et, sans doute, ces villageois éloignés de la modernité ont-ils beaucoup à m'apprendre sur ce qui est essentiel. Je les dépose dans leur village, en profite pour acheter quelques bières, puis repars en méditant sur la phrase de Pénéné : le gibier, en forêt, ça ne peut pas finir…

Les jours suivants, je poursuis l'exploration vers l'ouest, espère enfin dénicher le passage qui me permettra de descendre au pied de cette faille. Je croise un groupe de gorilles près de la piste. Le dos argenté m'a entendu. Je m'accroupis et fais semblant de manger des feuilles. Le grand mâle est calme. Il grogne, mais me contourne sans hâte, caché dans la végétation. Une fois qu'il est passé, je me retourne et vois disparaître un jeune qui m'observait, posté à quelques mètres derrière moi. Je reprends la marche. Sur le chemin, j'aperçois deux colobes qui s'échappent à mon approche. Peu avant d'arriver à la voiture, je devine un oiseau dans un buisson. Je m'approche. Ce n'est pas un oiseau, mais un gorille solitaire qui s'enfuit en hurlant à mes oreilles. Il ne faut pas être cardiaque…

Je suis fatigué. Quelques jours d'exploration infructueuse et je relâche mon attention. Je fais trop de bruit pour marcher sans me faire repérer. Il ne faut pas abuser de la solitude en forêt. Je dois revenir vers mes semblables. Le lendemain, je me rends au village de Mianza où je suis venu me présenter il y a quelques jours. Le chef m'a parlé d'une clairière. Il m'attend. Dans la case à palabres, j'expose mon projet aux notables. Je leur explique que pour organiser l'activité écotouristique que j'imagine, il faut un espace fréquenté par les grands singes et facile d'accès. Je leur présente les retombées possibles, les rassure quant au fait qu'ils pourront toujours chasser le gibier autorisé.

Deux jours après, je pars avec le chef et l'un de ses conseillers pour découvrir leur clairière. Elle est à sept kilomètres, près de la piste principale. Accès en voiture suivi d'une heure de marche : ce serait parfait. Sur place, je repère de grandes herbes dont les gorilles sont friands, mais ne vois pas de traces de leur passage. En revanche, il y en a d'éléphants.

Il faudra revenir pour mieux explorer l'endroit. Nous rentrons. J'offre une bière, chaude, à mes deux guides au bistrot du coin. Les retombées pour ce village seront importantes si cette clairière est la bonne. Ils pourraient acheter un groupe électrogène et avoir l'électricité, brancher un réfrigérateur et servir des bières fraîches, par exemple. Le progrès. La fin d'une vie simple et préservée aussi…

Lorsque je reviens quelques jours après, seul, je constate qu'il y a beaucoup d'eau, trop pour les gorilles, et peu de plantes aquatiques. Les éléphants fréquentent bien l'endroit qui est infesté de mouches piqueuses. Je fais le tour complet de la zone et je fuis. Amener des touristes ici n'est pas envisageable. Mianza ne connaîtra pas la prospérité. Je culpabilise d'avoir fait miroiter cette possibilité aux villageois. Je m'enthousiasme souvent, porté par un optimisme naïf, en oublie parfois que les autres peuvent pâtir de mes emballements.

Je dois poursuivre la piste qui longe la faille et trouver un passage. Pour cela, il me faut acquérir l'esprit gorille, penser comme lui pour atteindre les lieux qu'il fréquente. Je traverse plusieurs marigots, une grande clairière, mais dans laquelle il y a trop d'eau et pas assez de nourriture. Je finis par atteindre le camp de Pénéné et ses hommes. Tout leur matériel est là : des bassines en fer, des tamis et leurs « sacs à dos », des armatures en bois équipées de sangles pour passer les bras. Elles doivent peser plus lourd que ce qu'elles contiennent. Au retour, j'aperçois enfin quelques touffes des plantes dont raffolent les gorilles dans un marigot. Je ne les avais pas vues à l'aller. Il faut garder la même attention au retour. Les perspectives changent, la végétation semble différente, et la lumière varie : c'est un autre chemin. Je regarde ma montre : 15 heures. Encore trois heures de marche pour rentrer. J'arriverai juste avant la nuit. Je reviendrai pour explorer cet endroit prometteur. Sur mon carnet, je note le point GPS.

Quand je reviens, je trouve des plantes aquatiques en quantité, mais ce n'est pas vraiment une clairière. Plutôt un petit marigot. Je repère une piste d'éléphants bien marquée à quelques dizaines de mètres. Je la suis en tendant l'oreille. Je ne voudrais pas rencontrer une mère et son petit et subir une charge. Cela a failli m'arriver il y a quelques jours. J'avançais sur la piste qui longe la faille quand soudain j'ai entendu des craquements. Je venais d'observer un groupe de chimpanzés et j'ai pensé qu'un membre du groupe s'était écarté. Je préparais ma caméra, prêt à saisir son apparition et sa fuite probable dès qu'il m'aura vu. Il approchait, je l'entendais. Un mouvement dans les feuilles, le voilà ! Un éléphant… C'était un petit, heureusement sans sa mère. Le jeune pachyderme chargea, ou plutôt simula une charge avant de repartir. Je m'éloignai moi aussi sans tarder. La mère, qui elle ne ferait pas semblant, n'était probablement pas loin.

Prudent donc, j'avance. La piste mène à une belle étendue herbeuse et humide comme j'en rêvais. Je suis au bord de cette clairière comme au bord du monde. La lumière du soleil baigne l'endroit. J'entends des oiseaux dont les cris ajoutent à la féerie de cette découverte et viennent souligner la quiétude de cette ouverture au milieu des arbres. Comme le jour où j'ai découvert la grande clairière de Bambidie, je suis ému. Combien de paradis comme celui-ci reste-t-il à découvrir dans la forêt ? Comment les trouver et les protéger de l'avidité des hommes ? J'en fais le tour, cherche des indices de la présence de mes petits. Il y a des trouées dans les massifs de plantes aquatiques, mais comment savoir si ce sont des traces de gorilles ou d'un autre animal ? Un tronc couché sur ma droite. Un pont pour les primates… Dans un coin boueux, je trouve des empreintes d'éléphants et de buffles. Elles sont nombreuses, mais parmi elles, j'en repère une que je connais bien. L'empreinte d'un poing posé au sol, caractéristique d'un gorille, qui avance à quatre pattes. C'est un gros spécimen. Mes deux poings ne suffisent pas à remplir la trace qu'il a laissée. Probablement un dos argenté. Quelques pas plus loin, je découvre d'autres empreintes, de tailles diverses. Les gorilles de son groupe. Reste à savoir s'ils viennent souvent ici.

Pour cela, je monte un observatoire dans un arbre. L'affaire prend plusieurs jours. Il faut marcher deux heures et demie pour rejoindre la clairière. Cinq heures aller et retour. Cela laisse peu de temps sur place. Sans compter que la pluie s'invite, bien normal en cette saison, et avec elle, les insectes qui rendent l'installation pénible. Ils ne se calment pas quand j'ai terminé d'accrocher mon hamac. Les abeilles sont là. Je prends position, mais ne peux supporter leur harcèlement plus d'une heure. Je repars sans avoir vu de gorilles.

Sur le chemin, le lendemain, les mouches m'accompagnent. Vous donner un nombre ne voudrait rien dire. Des milliers ? Des dizaines de milliers ? Pour vous figurer leur présence, imaginez que je peux les attraper par dizaines d'un simple geste de la main. Les sept mouches du vaillant petit tailleur est un score que je pulvérise à l'envi. Le temps est couvert. Un vent qui annonce la tempête souffle dans les branches. Quand j'arrive à la clairière, l'orage gronde et la pluie tombe. Je me réfugie dans mon hamac. L'arbre tangue avec le vent, mais il résiste. L'averse est si forte que j'ai l'impression de respirer de l'eau. J'attends une accalmie pour rentrer. Perché sur ma branche, rincé par le déluge tropical, une pensée me vient : Comment les premiers hommes supportaient-ils ces conditions de vie ?

Quand je repars, un groupe de gorilles est à côté du gros arbre couché qui sert de pont. Certains mangent. Le grand mâle est assis sur le tronc avec une femelle. On dirait un rendez-vous galant. Il est énorme ! Je suis impressionné par son gabarit. Ce sont mes premiers gorilles de la mission. Novembre vient de commencer et je suis déjà à la moitié de cette exploration. Je signale ma présence par des petits grognements. Dès qu'ils m'entendent, ils fuient dans les marécages. À quelques pas de moi se pose un aigle pêcheur au magnifique plumage noir et blanc. Il ne m'a pas vu. Je parviens à le photographier au sol, puis pendant son envol provoqué par le déclenchement de mon appareil. Nous étions si proches l'un de l'autre.

Ce premier groupe me réjouit. Il n'assure pas de la présence régulière des primates. Il me faut observer la clairière plus longtemps pour mesurer la fréquence de leur visite. Ce qui est certain, c'est que le temps de marche pour rallier cet endroit depuis la piste est beaucoup trop long pour y faire venir des touristes. Au mieux, si les gorilles viennent souvent, j'aurai trouvé un bon terrain d'étude scientifique.

Je reviens chaque jour pendant plusieurs semaines, passe des heures à observer le paysage du haut de mon perchoir. Visite après visite, j'essaie de trouver un raccourci. En vain. La forêt est dense et le terrain accidenté. Les cinq heures de marche quotidienne m'épuisent. Je ressens quelques douleurs dans une jambe. Cependant, mes efforts sont récompensés. Ces journées harassantes me permettent d'observer des groupes de gorilles. Ils sont plusieurs, au moins trois, à venir ici. Le plus important compte treize membres. J'ai aussi vu des mâles solitaires dont un atteint de la maladie de pian qui provoque des ulcères sur la face. Et d'autres animaux, des singes, colobes et chimpanzés, des buffles, des sitatungas, des éléphants, des oiseaux… Sans oublier les insectes, saison des pluies oblige.

Grâce à ma caméra et à mes pièges vidéo, je récolte de belles images. Un soir, je les montre aux habitants du village de Mamidi. Ils ont l'air de découvrir les gorilles alors qu'ils vivent si près d'eux. C'est une chose qui m'étonne toujours. Dans la discussion qui suit la projection, Pénéné m'assure qu'il existe un chemin plus rapide pour rejoindre la clairière. Il me livre quelques indications. Je les note précieusement dans mon carnet.

Je finis par le trouver. Ouvert pour le débardage il y a près de vingt ans, il est aujourd'hui noyé sous la végétation. Ce chemin démontre une fois de plus que la ligne droite en forêt n'est jamais le chemin le plus court. Il serpente à travers une forêt fermée, suit les crêtes, évite les bas-fonds, pièges inextricables de ronces, de roches, de dense végétation. Une fois dedans, il faut des heures, des journées pour en sortir. Le parcours est agréable. Il y a beaucoup moins d'insectes et il permet d'observer des animaux. Je parviens parfois à les filmer quand ils ne m'ont pas senti ou entendu. Le plus souvent, ils filent à mon approche.

Ce raccourci permet d'économiser deux heures de marche par jour. Autant de gagné pour l'observation des gorilles. Il y en a plus que je ne le pensais. Cet endroit est un véritable sanctuaire, si peu accessible que les animaux qui y vivent n'ont sans doute pas rencontré beaucoup d'hommes, hormis Pénéné et les siens. Même les braconniers ne doivent pas s'aventurer ici. Rapporter le gibier serait trop difficile. J'ai bien trouvé quelques cartouches vides au début de mon séjour, mais rien depuis, pas même la trace d'un camp de chasseurs.

Début décembre, l'heure est venue de rentrer. Je quitte mon village fantôme, celui de Pénéné et cette nouvelle clairière prometteuse, où vivent mes petits, heureux et ignorants de la menace qui pèse sur eux. Mon nouveau monde est là, et j'ai hâte d'y revenir. Loin des forestiers, Okondja semble l'endroit parfait. Mais combien de temps restera-t-il épargné ? Tout en roulant vers Bambidie, où je dois laisser ma voiture avant de rejoindre Libreville puis la France, j'essaie d'évaluer le temps qu'il me reste avant le retour des bulldozers et des tronçonneuses. Trois, peut-être quatre années, avant le grand chambardement.

# Expédition XI : Il pleut des hirondelles

Okondja, juin-octobre 2014

J'arrive à Libreville à la mi-juin et y reste quelques jours durant lesquels j'enchaîne les rendez-vous. Avec l'ANPN, avec la CICOS (Commission internationale du bassin du Congo-Oubangui-Sangha), avec le ministère du Tourisme... Ce sont des rencontres très formelles. Je cherche toujours à développer mon réseau, à planter ces petites graines qui finiront bien par germer, éveiller les consciences à l'idée que les gorilles représentent une richesse plus grande que le bois des forêts qu'ils habitent. Je rencontre même un *tour operator*. C'est sans doute un peu tôt pour cela, mais les affaires ne vont pas vite ici. Mieux vaut anticiper. Durant ces nombreux entretiens, j'apprends que l'ANPN dispose de budgets pour soutenir la préservation des grands singes en dehors des parcs nationaux, mais que je ne peux en bénéficier. Pour cela, il faudrait créer une ONG locale. Depuis 2008, avec Monique, nous avons créé le Bambidie Gorilla Project pour promouvoir notre action, mais cette structure n'est pas habilitée à recevoir des financements publics gabonais. L'argent est le nerf de la guerre. Si j'ai pu, au début de mon projet, accepter les financements d'un zoo, l'idée m'est apparue de moins en moins acceptable au fur et à mesure que je me rapprochais des gorilles. J'en suis convaincu : un jour viendra où enfermer les grands primates dans des cages sera interdit. Terminé le partenariat avec le zoo de La Palmyre. Je pioche désormais dans mes petites économies et bénéficie de la générosité de mes proches et de quelques amoureux des gorilles.

Après trois jours à Libreville, je m'envole pour Bambidie, étape logistique avant de rejoindre Okondja où reposent tous mes espoirs désormais. Vincent est toujours à la tête de l'exploitation. La CFT commence à pâtir des injonctions paradoxales venues de Suisse. La nécessité de respecter les règles d'exploitation durable est une constante. Les audits réguliers menés par les labels viennent le rappeler. Mais ils s'attachent davantage aux actions réalisées par la compagnie qu'à l'efficience des mesures appliquées. Sur le papier, les choses avancent. La compagnie coche les cases. Sur le terrain, elles se dégradent. Les effets ne sont pas mesurés. Et la demande de bois augmente, les prélèvements s'intensifient. Répondre au marché et rassurer les actionnaires sont les priorités. La préservation de l'environnement, je le comprends bien, est une vitrine. Ce n'est pas le métier des forestiers, mais celui des ONG qui collaborent avec eux. N'est-ce pas ce qu'on appelle du *greenwashing*? Pourtant, malgré ses efforts de communication, la compagnie pourrait bien perdre son label FSC tant la productivité a pris le pas sur la durabilité depuis quelques mois. Sans compter les relations sociales qui se dégradent. Quand Vincent m'apprend tout cela, je lui dis que je suis prêt à tout arrêter. Ces derniers temps, je pense souvent à mettre un terme à ma collaboration avec la CFT, trouver un épilogue digne de mon histoire avec les gorilles. Ne pas faire la mission de trop…

Je contrôle l'état de ma voiture. Le cric a disparu. Impossible de partir sans cet accessoire. Les rotules de suspension doivent être changées. Il faut commander les pièces. Je suis coincé ici, et je n'ai qu'une envie, fuir les forestiers dont je supporte de moins en moins la compagnie. Bien sûr, les bulldozers en panne sont prioritaires. Les pièces livrées, je dois encore attendre qu'un mécano soit disponible.

Dix jours après mon arrivée au Gabon, je prends enfin la route d'Okondja. Cinq heures plus tard, je retrouve mon village fantôme. Dès le lendemain matin, je suis sur la piste. Depuis mon départ il y a plus de six mois, des arbres sont tombés et ferment le passage. Retrouver la clairière va demander quelques efforts. Je suis impatient de retrouver mes petits, mais je sais bien qu'ils n'attendent pas mon retour. Pénéné oui, en revanche, qui, dès mon arrivée, me sollicite pour déménager les éléments de clôture d'un élevage de cabris. Mon 4x4 leur épargne, à lui et ses hommes, de fastidieux transports à pied. Je ne peux pas leur refuser cette aide. Et tandis que les plus jeunes chargent le matériel, je discute avec Pénéné, qui me livre les dernières nouvelles. Tout en l'écoutant, je note qu'il porte les vieilles chaussures de marche que je lui ai données lors de ma précédente mission.

Je poursuis la réouverture de la piste. Fastidieux labeur qui retarde mon accès à la clairière. Je vois quelques gorilles pendant que je travaille, ce qui me rend encore plus impatient de retrouver mon nouveau paradis, mes petits, ma tranquillité. Je dois patienter jusqu'à début juillet pour cela. Presque trois semaines se sont écoulées depuis que j'ai atterri à Libreville. Sous les tropiques, tout est plus long. La patience est nécessaire ; la précipitation, source d'échec.

Un soir, j'éprouve la peur d'être seul en brousse pour la première fois. Tandis que je suis en train de cuisiner dans la maison que j'occupe, j'aperçois quatre visages, des hommes, à la fenêtre de la cuisine. Sept kilomètres me séparent du village de Pénéné et du grand camp de la CFT. Je suis livré à moi-même. Comme je l'ai fait jusque-là, à chaque rencontre en forêt, je prends les devants. Je sors et me dirige vers eux. Me cacher aurait révélé ma vulnérabilité, seul face à ces hommes au milieu de la brousse. Celui que j'identifie comme le meneur a un visage inquiétant, sévère. Il tient un couteau dans la main. Je perçois dans son regard l'envie de faire une connerie. Il sait qu'un Blanc ne vient pas en brousse sans matériel de valeur. Le temps s'arrête. Chacun attend la réaction de l'autre. Le duel dans la grand rue, comme dans les westerns. Je donne le change, mais n'en mène pas large. Je leur raconte ce que je fais ici. Ils écoutent, sans mot dire. Après quelques minutes, je propose de les ramener jusqu'à leur village, distant d'une vingtaine de kilomètres, disent-ils. Peu importe, je préfère m'assurer qu'ils sont loin, plutôt que de m'endormir en doutant de leur présence dans le coin, à l'affût d'un mauvais coup. L'isolement séduisant d'Okondja n'est pas sans contrepartie. Je le découvre et comprends que je dois prendre des précautions pour ma sécurité. L'Éléphant en son temps m'avait dissuadé de dormir en brousse quand il avait appris la présence de braconniers. Sans doute ne m'aurait-il jamais laissé séjourner seul ici.

Les quelques jours d'installation de mon poste d'observation me permettent déjà d'apercevoir des gorilles solitaires. Quand, enfin, je suis installé, bien calé dans mon hamac, j'éprouve une grosse fatigue. Il fait beau, tout est prêt et je suis patraque. Éternuements et maux de gorge. J'ai l'impression d'être ce type qui tombe malade en arrivant à son lieu de vacances. Face à la mer, il se détend enfin. Les microbes profitent du relâchement. Et le pauvre vacancier passe ses congés au lit. Pour ma part, j'en suis quitte pour quelques jours de repos. Je ne suis pas en état de parcourir les trois heures de marche pour rallier mon observatoire. J'en profite pour organiser un survol de la forêt d'Okondja. Didier, l'aviateur avec lequel j'avais survolé la région de Bambidie, viendra fin juillet. Cette perspective me réjouit. Qui sait combien de clairières sont dissimulées dans la dense végétation d'Okondja ?

Je rencontre le chef du village où j'ai déposé les chasseurs l'autre soir. Il me dit que je n'ai rien à craindre d'eux, que ce sont de bons gars. Je le vérifie quelques jours plus tard. En rentrant de la clairière, je les trouve au bord de la piste et les invite à monter dans mon 4x4. Ils ont de sacrées gueules. Des tronches à prendre la fuite. Et cette fois, ils sont couverts de sang. Ils viennent de tuer une antilope. J'ai l'impression d'observer l'humanité à ses origines, mue par la nécessité de survivre. Avec eux, un enfant. Chasser s'apprend dès le plus jeune âge. Bien sûr, leur obsession pour la viande heurte le métropolitain occidental, hypocrite que je suis. Je laisse le sale boulot aux abattoirs. Nous retrouver à mi-chemin de ce que nous sommes serait déjà bien. Au fond, je les trouve plutôt sympas. Maintenant que nous nous connaissons, que la glace est brisée, ils échangent volontiers. Je ne suis plus le seul à parler, comme l'autre soir pour éviter le silence pesant.

Les gorilles semblent ne pas vouloir se montrer. Je passe une journée entière sans les voir. Pourtant, je perçois leurs bruits. C'est frustrant. Et quand enfin ils se montrent, ils sont trop près. Presque à l'aplomb de mon hamac. Ils viennent là pour manger. Quand j'ai entendu fureter dans les herbes, j'ai d'abord cru qu'il s'agissait d'un potamochère. J'ai passé la tête hors de mon hamac. Un jeune gorille me regardait, intrigué, mais sans donner l'alerte. Le dos argenté, non loin, sur le qui-vive, cherchait du regard l'objet de la curiosité de son cadet. Quand il m'a repéré, il a rassemblé son petit monde et tous se sont éloignés. Il faudrait que je trouve un autre arbre d'où je pourrais les observer sans les effrayer, mais ceux qui se trouvent plus loin sont dans une zone marécageuse, difficile d'accès.

Les colobes en revanche ne sont pas effrayés par ma présence. Ils viennent jusque dans mon arbre, s'installent autour de moi et y font même la sieste. Ils sont six à me tenir compagnie. Jusque-là, je les ai toujours vus se nourrir dans les arbres, mais l'un d'eux se décide soudain à descendre dans la clairière pour goûter les plantes dont les gorilles se délectaient tout à l'heure. Ce doit être un téméraire.

Les autres ne le suivent pas, même si à l'évidence, il se régale.

Moi aussi, pour me nourrir, je dois m'adapter à la nature qui m'entoure. Je ne peux m'en remettre exclusivement aux conserves que j'achète à l'économat de Bambidie. Cette mission va durer quatre mois. Assez pour être carencé en vitamine C si je ne consomme que de la nourriture en boîte. Il y a, juste à côté de la case que j'occupe, un papayer qui me permet de manger frais. La papaye quand elle n'est pas mûre permet de confectionner de délicieuses salades. La difficulté pour moi est de les cueillir sans être attaqué par les fourmis rouges qui ont installé leur nid à la cime de l'arbre. Grimper le long du tronc est impossible. Ces sales bestioles se laissent tomber lorsqu'elles se sentent attaquées et ripostent en mordant l'agresseur. J'aime autant éviter. Depuis le toit de ma case, à l'aide d'une perche à laquelle j'ai attaché une machette, je parviens à détacher quelques papayes sans subir de morsures. Les plus mûres éclatent en touchant le sol, malheureusement, et je dois les consommer rapidement. J'apprécie leur chair sucrée, juteuse, musquée. Cette vie de Robinson me plaît beaucoup. J'aime les soirées solitaires assis sur le pas-de-porte de ma case, écoutant les bruits nocturnes de la forêt qui m'entoure.

Les jours s'écoulent paisiblement. J'observe les gorilles. Un matin, je débouche dans la clairière alors qu'un groupe est déjà là, à quelques mètres. J'enlace un tronc pour me fondre dans le décor. Ça marche. Pour éviter cela, j'essaie de dormir dans mon hamac de temps en temps et peux ainsi les voir arriver à la clairière avec le soleil. Passer la nuit au cœur de la forêt équatoriale est une expérience singulière. Les arbres qui vous entourent sont pour certains de vénérables ancêtres qui ont vu s'écouler le xxe siècle. Ils sont voués à disparaître. C'est dans l'ordre des choses. Ils ont souvent la délicatesse de s'en aller la nuit, quand la forêt est endormie. Le fracas d'un arbre qui tombe s'entend à des kilomètres à la ronde. Il entraîne avec lui des semblables plus jeunes qui ne connaîtront pas sa longévité. Malheur à celui qui s'est endormi dans l'axe de sa chute. C'est une angoisse qui me saisit à chaque fois que j'entends ce bruit. Et, le silence revenu, une autre pensée me vient : en voilà un qui a échappé aux forestiers.

À la mi-juillet, je dois retourner à Bambidie. Une douleur au genou m'empêche de marcher. Je boite. Je constate une petite plaie, un petit trou plutôt, sous la rotule, rien de grave, mais l'infection est déjà là et il ne faut pas traîner. Sous les tropiques, la moindre blessure peut dégénérer rapidement. Sans envisager la gangrène ni l'amputation, je sais que je dois consulter un médecin si je ne veux pas voir mon affaire empirer. Je devine que cette infection est la conséquence de mon état il y a quelques jours. Mon organisme est fatigué, et il se défend mal.

À peine revenu à Okondja, il me faut repartir. Le pilote avec lequel je dois survoler la forêt sera là demain soir. Je me repose une journée et reprends la route. En chemin, je suis interpellé par des chasseurs au bord de la piste. Ils sont en panique. Ils se sont fait charger par des éléphants et l'un d'eux s'est fait piétiner. Il a réussi à s'échapper et se cacher dans la forêt, mais ils ne parviennent pas à le retrouver. C'est sans doute ce qui peut arriver de pire ici. Les fauves, les serpents, les gorilles, les fourmis magnans... Ce ne sont pas les menaces qui manquent, mais l'attaque d'un éléphant est ce qui me terrifie le plus. Comment résister à un animal aussi gros ? Je n'ose imaginer l'état de leur compagnon. S'il est encore en vie... Nous débutons nos recherches quand le type sort enfin de la forêt. Revenu d'entre les morts, semble-t-il. Son corps n'est plus qu'un immense bleu, une contusion généralisée. Pas un centimètre ne semble avoir échappé au piétinement du pachyderme. Sa cage thoracique est déformée. Je n'ose imaginer l'état de ses côtes, de ses viscères, ni la douleur qu'il doit éprouver. Qu'il parvienne à se tenir debout relève du miracle. Une force de la nature sans doute. Sans tarder, nous l'avons installé dans ma voiture et je l'ai emmené au dispensaire d'Okondja d'où il a été transféré directement à l'hôpital de Lastoursville.

J'arrive à Bambidie peu de temps avant mon pilote. Il a très envie de voir des gorilles, me dit-il. Nous ne les verrons pas depuis l'avion, mais je lui promets de l'amener à Okondja, peut-être dans une clairière que nous découvrirons depuis le ciel. Nous décollons à 8 heures. Vincent, le responsable d'exploitation, est avec nous. Il connaît bien la zone d'Okondja puisqu'il y a travaillé. Mais pendant le survol, il ne prononce pas un mot. Au sol, tout a changé depuis vingt ans. Plus une seule piste n'est visible. La forêt s'est refermée et il ne reconnaît plus rien. Je repère deux clairières. L'une d'elles est à deux kilomètres de celle où j'ai installé mon observatoire. Elles sont plus petites cependant. Il faudra les visiter. De là-haut, impossible de savoir si elles sont intéressantes.

Quelques journées d'observation me permettent d'assister à un véritable rassemblement de gorilles. J'arrive au matin. Un groupe se trouve déjà là. Je le contourne afin de rejoindre mon observatoire. Au pied de mon arbre, je m'équipe et commence mon ascension quand, depuis l'autre rive, un dos argenté me crie dessus. Je fais des bruits pour le rassurer. Je m'aperçois que deux groupes sont présents en même temps. C'est rare. De mon hamac, j'essaie de compter le nombre d'individus présents. J'en suis à vingt quand je m'arrête, interpellé par la présence d'un troisième dos argenté. Combien de gorilles vont se retrouver là si celui-ci amène un nouveau groupe ? De là où je suis, je ne parviens pas à voir s'il est accompagné. Peut-être est-ce un solitaire. Toujours est-il que c'est la première fois que je vois autant de gorilles, plus d'une vingtaine, au même endroit. Cette clairière d'Okondja est vraiment d'une très grande richesse. Car les gorilles ne sont pas les seuls à venir et je réalise aussi de jolis films d'éléphants et de buffles.

Nouveau voyage à Bambidie pour un rendez-vous avec le directeur général venu de Libreville. J'en profite pour voir le médecin. Mon genou ne me fait pas mal, mais l'infection est toujours présente malgré les antibiotiques qu'il m'a prescrits. L'infection est profonde. Au dispensaire d'Okondja, l'infirmier fait sortir le pus. Cela semble ne jamais vouloir s'arrêter. Le médecin décide d'inciser. Il faut ouvrir pour pouvoir nettoyer correctement, précise-t-il.

« C'est un staphylocoque, me dit-il. Ici, c'est partout, dans l'air. »

Je me retrouve avec un beau bandage, mais son intervention ne m'empêche pas de marcher, heureusement.

Je poursuis mes observations à la clairière. Lorsque les éléphants sont là, les gorilles ne viennent pas. Ils ne vivent pas au même rythme. Le gorille est un animal diurne, couche-tôt ; l'éléphant aime se promener la nuit. À la saline de Milolé, depuis ma plate-forme, j'entendais dans l'obscurité les disputes que générait leur cohabitation contre nature.

Avant d'explorer les deux clairières repérées depuis l'avion, je dois dégager la piste qui mène à celle où se trouve mon observatoire. Pénéné et l'un de ses hommes, Ferdinand, viennent m'aider. Juillet touche à sa fin. Mes soucis de santé m'ont freiné au début et me gênent encore, mais je dois avancer dans mes plans. En une journée de travail, nous dégageons un kilomètre et demi de piste, ce qui fait économiser quarante-cinq minutes de marche. Une bonne opération, car il faut ensuite descendre le long de la faille, puis marcher encore pour atteindre la clairière. Ouvrir cette piste était important. Je n'ai plus l'énergie nécessaire aux longues marches dans la forêt tropicale. La fatigue vient plus vite, et ma blessure au genou tarde à guérir.

En retour, je dois aider Pénéné et transporter des grilles que lui et ses hommes chargent sur mon pick-up. Ma voiture leur épargne de durs efforts, de longues marches. C'est une providence pour eux, dont ils veulent profiter au maximum. En rentrant le soir, après mes journées à la clairière, je trouve souvent Pénéné qui m'attend devant la porte de ma case. Il a besoin de moi, de ma voiture, le lendemain. Plus la mission avance et plus il me sollicite. Pénéné est le chef du village de Mamidi, mais ses fonctions, que je ne cerne pas encore, le mènent dans toute la région d'Okondja. Il reçoit les doléances des habitants des villages alentour. Quel est son rôle ? Est-ce une sorte de conseiller régional ? Je sais seulement que ses responsabilités sont importantes, bien plus que celles des cadres de la CFT qui ne cessent de se plaindre de leur charge de travail et des comptes qu'ils doivent rendre à la direction. Mais aucune vie ne dépend d'eux. Pénéné pourrait bien leur donner des leçons en matière de responsabilité. Mais aussi importantes que soient les siennes, je dois poser des limites, sans le froisser, et lui faire comprendre que mon temps ici est limité, que celui que je passe à faire le chauffeur pour lui, je ne le passe pas avec les gorilles.

Poursuivre ce pour quoi je suis ici : l'exploration. La première clairière repérée du ciel est décevante. Elle n'a pas les qualités de celle que j'observe pour l'instant. Moins d'herbe, moins agréable, c'est un lieu de passage seulement. J'espère que la plus grande, et la plus éloignée aussi, sera meilleure.

Je ne pars pas tout de suite à la recherche de ce possible terrain d'étude et passe un peu de temps à la clairière dont je suis familier. Je n'ai pas pour habitude de donner des noms aux gorilles. Pourtant il y en a un pour lequel cela s'est imposé, un dos argenté. Une affreuse blessure lui traverse la gueule et fait pendre sa lèvre mal cicatrisée. C'est une sacrée tronche que j'appelle Scarface. Lui et son groupe sont des habitués de la zone. Je les rencontre à la clairière et sur le chemin qui y mène. Quand je les croise désormais, Scarface grogne ou plutôt ronronne, pour apaiser son groupe, leur signifier l'absence de danger. De mon côté, j'émets toujours les mêmes bruits pour qu'ils me reconnaissent. Ils se sont habitués à moi. Le meilleur moment avec les gorilles est quand ils vous ignorent. Le sentiment d'appartenance à la forêt éprouvé la première fois que cela s'est produit était si grand que j'en ressens encore la vibrante émotion, la jouissance même, aujourd'hui, des années après en écrivant ces lignes. Communier à ce point avec la nature n'est pas commun, et ce devrait être, je crois, l'aspiration de tous.

Je passe une nouvelle nuit sur place, toujours dans l'espoir de les observer au lever. Je me suis assuré que la météo était favorable. Nulle envie de me retrouver rincé par un orage en plein sommeil et de tremper dans mon hamac jusqu'à l'aurore. J'entends des éléphants, des potamochères, quelques cris de gorilles dérangés par le bruit de ces visiteurs nocturnes, mais je ne vois rien. L'obscurité est trop profonde. Et les gorilles se révèlent peu matinaux. Ils arrivent en milieu de matinée. Autant dormir dans ma case, et venir ici au matin, juste avant eux.

J'ai l'impression que les gorilles sont moins présents en ce moment. Je n'ai pas d'explication. Certes, il y a les éléphants, mais, même quand ces derniers sont ailleurs, les gorilles ne viennent pas. Je vois en revanche beaucoup de colobes (l'un d'eux fait même sa sieste à côté de moi), des potamochères et un gros chat sauvage au pelage doré ; un magnifique animal qui ressemble à une mini-panthère.

J'en profite pour visiter la deuxième clairière vue d'avion. Je la trouve facilement, même si j'ai failli la rater en contournant un groupe de gorilles. J'y suis entré par le sud-est alors que je venais du nord. Deux heures de marche inutiles à travers la forêt, mais je sais où elle se trouve à présent. Reste à l'explorer pour en évaluer l'intérêt.

Dans un périmètre assez réduit, j'ai donc inventorié trois clairières. Toutes n'ont pas le même intérêt pour l'observation des gorilles, mais elles se complètent, offrent aux animaux des solutions pour se nourrir et boire. Dans quatre ans, la CFT reprendra l'exploitation de la forêt à Okondja. Je dois les convaincre de préserver ces espaces, de ne pas répéter les erreurs commises à Bambidie. J'ai installé une caméra là-bas, près des rares herbes épargnées par la boue qui continue de s'y déverser. Un mois et demi plus tard, le résultat est sans appel. Aucun gorille n'a été filmé par mon piège-vidéo. Ils ne viennent plus. Bientôt deux ans que l'exploitation est terminée et les gorilles ne sont pas revenus. Comment parler de faible impact de l'activité forestière raisonnée ici ? J'espère que la destruction de Bambidie servira de leçon et permettra de sauver Okondja.

Depuis le début de cette mission, mon état de santé est fragile. D'abord cette sorte de grippe qui m'a cloué au lit, l'état de fatigue éprouvé ensuite et cette blessure au genou qui s'est infectée. Mon organisme encaisse mal les dures conditions de vie en forêt tropicale. Mon paludisme en profite pour se réveiller. Cela devait arriver. La crise commence au milieu de la nuit. La pluie fait résonner le toit de ma case comme un tambour. Je ne dors pas, mais le vacarme des intempéries n'y est pour rien. Sueurs froides et vertiges sont les causes de mon insomnie. Je pense d'abord à une intoxication alimentaire à cause d'une boîte de concentré de tomate ouverte depuis trop longtemps. L'obsession de ne rien gaspiller. Au matin, je me dis que cela va passer et je pars en forêt pour dégager les arbres tombés durant la nuit à cause de l'orage. Je ne résiste pas longtemps à l'effort et suis obligé de rentrer pour me reposer. Je suis épuisé. Le lendemain, je reste au lit. Dans le doute, j'ai pris des comprimés contre le paludisme. Ils sont périmés depuis six mois, mais je me dis qu'ils feront bien effet.

Le troisième jour, je vais enfin mieux. Les comprimés agissent. C'était bien le paludisme. Hier soir, j'ai constaté la présence de moustiques dans la salle de bains. Avec la pluie, ils reviennent.

L'humidité favorise l'éclosion des œufs. Tout était fermé, mais ils ont dû remonter par le conduit d'évacuation. Et je me suis fait piquer. La pluie s'est arrêtée et tout est trempé. Je n'ai pas la forme, mais je peux sortir enfin. Très vite la pluie reprend, et la mission se termine sous les averses. En octobre, la pluie nettoie tout. Tout le monde est trempé, les hommes, les gorilles, les arbres. Tous unis par le même élément.

Un jour l'averse est si forte qu'elle prévient toute sortie. Je reste dans ma case, observant le déluge depuis le pas de la porte quand des oiseaux commencent à tomber du ciel. Il pleut des hirondelles… Il y en a des dizaines, éparpillées dans tout le village. Le plumage gorgé d'eau, elles ne peuvent plus voler et tombent. Scène surréaliste, apocalyptique. Elles restent là détrempées, impuissantes, résignées. Il suffirait de se baisser pour les ramasser. Dès que la pluie s'arrête, elles s'ébrouent, font sécher leurs plumes, et disparaissent dans les airs.

Quelques éclaircies autorisent des visites à la clairière. Quand j'y suis, je bois des yeux les dernières images de mon séjour au Gabon. Une soif que rien ne peut étancher. La crainte que tout disparaisse d'ici mon retour sans doute. Je réussis à filmer un groupe, quelques images de plus qui rentreront avec moi à Paris. En revenant vers le village fantôme, je cueille de l'oseille pour mon dîner. Demain, Pénéné et quelques-uns de ses hommes m'aideront à démonter mon observatoire et à ramener le matériel. Ils ne font pas que demander, ils aident aussi. C'est ainsi que tourne le monde ici.

Nous marchons sous la pluie, à l'aller comme au retour. Nous avons tout démonté, remballé, emporté. Nous avons vu quelques gorilles malgré notre affairement. Trois groupes et un solitaire. Quel endroit ! Je me sens un peu groggy, sans doute une forme de projection nostalgique, quelque chose qui ressemble à la fin des vacances quand on est gamin. Une tristesse. Qui sait ce que je retrouverai ici à la prochaine expédition ? L'expérience de Bambidie favorise l'anticipation anxieuse. Mais je suis content de rentrer en France. Cette mission a été la plus longue de toutes. Quatre mois pleins. Je ne pensais pas éprouver ce sentiment, mais Paris me manque. Et je sais très bien que dès que je poserai le pied sur le tarmac de Roissy, ce sont les gorilles qui me manqueront. Bien vite, je commencerai à organiser le prochain voyage.

Je profite de mon passage à Libreville pour rencontrer des représentants de l'ambassade de France, de WCS, de Nature+, de l'ANPN, de la CFT… C'est trop de monde d'un coup. On ne passe pas simplement de la solitude de la forêt à la capitale. Je note que ma réputation commence à s'installer. On dit que je fais de l'habituation.

Plus personne ne met les pieds en forêt, mais tout le monde sait ce qu'il faut faire. Je suis atypique dans le paysage. Mon indépendance les dérange et cela me convient très bien. Qu'ils parlent, tant qu'ils me laissent agir.

# Expédition XII :
# Les illusions perdues

Okondja, décembre 2014-mars 2015

Avant de quitter Paris, j'ai pris rendez-vous avec les services de l'ambassade de France au Gabon. Je souhaite m'appuyer sur le réseau de coopération et d'action culturelle français afin de promouvoir mon combat pour les gorilles auprès des jeunes Gabonais. J'espère un soutien officiel. Par mon engagement, je diffuse une certaine vision française qui ne dissocie pas la nature et l'homme contrairement à l'approche anglo-saxonne qui les sépare. Les Anglo-Saxons sont les premiers à avoir créé de grands parcs naturels dont l'homme était exclu.

Pendant le rendez-vous avec la directrice de l'Institut français et le conseiller Forêt de l'ambassade, je montre mes films dont celui de la charge. Ils sont tous deux fascinés par le dos argenté à l'écran. Ils sont avec moi. Ils comprennent l'intérêt de mon engagement au sein d'une exploitation forestière. L'ambassade va organiser des séances de sensibilisation à Libreville et Port-Gentil sous le titre « des gorilles pour aider les hommes ».

C'est la première fois que mon travail est promu. Ces séances seront l'occasion de rassembler quelques acteurs influents de la préservation de la nature au Gabon dont l'ANPN et la WCS. Je sens bien que certains scientifiques sont réticents à l'idée de valoriser le travail d'un naturaliste autodidacte. Toujours la même histoire. Mais l'important est le nombre d'élèves que nous touchons grâce à cette opération dans les écoles et les lycées : 2 000 répartis sur les deux villes. Une réussite.

Dès que j'ai terminé, je m'envole pour Bambidie avec une appréhension. Avec moi dans l'avion, le Remplaçant, qui s'était vu pousser vers la sortie par les dirigeants de la CFT il y a quelques mois. Ces derniers l'ont rappelé pour reprendre la direction de l'exploitation, Vincent étant parti travailler chez un concurrent au Congo. Le Remplaçant revient, au mieux en vainqueur, au pire avec un esprit de revanche. Et vu l'énergumène, cela n'augure rien de bon.

Les premiers jours, entre Bambidie et Okondja, sont consacrés à ce qui est désormais une routine : vérifier le matériel, s'occuper des questions logistiques, l'approvisionnement en eau, le stock de nourriture, dégager les arbres tombés sur la piste menant à la clairière, installer ma plate-forme d'observation.

Fin décembre approche. Le Jour de l'an, je suis invité à déjeuner chez Pénéné. Pour l'instant, j'accueille une journaliste de l'AFP rencontrée à Libreville au début de cette mission, pendant la semaine de conférences. Elle va ralentir mon installation, mais je ne peux me priver de la publicité qu'elle m'offre. Je la retrouve à Bambidie où elle est arrivée par le train. Elle reste trois jours avec moi à Okondja, me suit en forêt, jusqu'à la clairière où j'installe ma plate-forme dans un arbre. Nous avons la chance d'apercevoir des gorilles, spectacle toujours impressionnant pour ceux de la ville. Il m'est arrivé tant de fois de faire chou blanc pendant ce type de visites avec des journalistes ou des actionnaires de la CFT. Mais elle repart comblée par ce qu'elle a vu. « Les conférences, c'est bien, mais on ne sent pas tout le travail effectué sur le terrain. » Je suis content qu'elle ait pu s'en rendre compte. Demain, une autre année commence.

J'ai oublié que j'étais invité chez Pénéné. Je suis préoccupé par l'installation. Trois semaines que je suis au Gabon et mon poste d'observation n'est toujours pas en place. J'arrive au village avec une heure et demie de retard, mais personne ne m'en tient rigueur. Ici la perception du temps n'est pas la même qu'à Paris. Un tel retard entre encore dans les limites de la ponctualité. Lorsque l'on vit en brousse, entreprendre une démarche administrative ou faire une course à la ville la plus proche peut prendre plusieurs jours. Impossible de savoir combien. Les taxis-brousse ont des horaires de passage aléatoires, soumis aux aléas des accidents, des pannes et des intempéries.

* * *

Ma plate-forme est installée dans la petite clairière, celle découverte à mes débuts à Okondja. J'y ai passé une journée décevante hier. Il n'y a pas assez d'eau et les plantes y sont moins denses. Quand j'y arrive ce matin, le jour est levé depuis plus d'une heure, mais elle est encore déserte. Les gorilles la boudent peut-être, lui préfèrent sans doute la grande clairière, plus humide et plus riche en herbes, que j'ai découverte d'avion lors de la dernière mission. Je décide donc de m'y rendre, d'y installer ma plate-forme. J'y arrive en début de matinée. À peine y suis-je qu'un grognement parvient à mes oreilles. Pas de doute sur son origine. Le gorille est tout près. La végétation bouge. Il vient. Sans tarder, je m'accroupis, immobile. Il surgit devant moi à quelques mètres. Trop près, me dis-je, je suis foutu. Je n'ai pas ressenti cette imminence du danger depuis ma première charge, celle que j'avais fixée sur ma caméra et qui m'a ouvert tant de portes. Le dos argenté est là qui me regarde à quelques pas. Son visage est sévère, inquiet, marqué par la colère. Il me jauge. Je ne le regarde pas dans les yeux, mais la tête baissée, je peux apercevoir son torse volumineux gonfler sous l'effet de sa respiration agitée. Il va me charger. Je suis si loin en forêt que même si j'en sors vivant, je ne serai sans doute pas en état de retourner vers les hommes. Je suis loin de mes semblables et trop près des gorilles. Je n'ai pas peur cependant, du moins pas comme la première fois. Ce n'est pas l'expérience, mais la sérénité que j'ai gagnée en forêt qui me permet d'accepter ma situation avec résignation. Derrière le dos argenté apparaissent alors les membres de son groupe. Le mâle dominant s'en trouve partagé entre l'envie de me charger et l'instinct qui lui dicte de protéger les siens, de les éloigner de l'animal inconnu que je suis. J'exécute quelques bruits rassurants, petits tapotements sur ma cuisse. Ça marche. Il s'en va, et sa troupe lui emboîte le pas.

À quelques mètres de moi, un arbre couché sert de pont. Je l'ai emprunté tout à l'heure pour pénétrer dans la clairière. Mais je ne peux le rejoindre pour m'en extraire. Les gorilles sont encore là, dans la végétation et le dos argenté me surveille à distance. Peut-être suis-je le premier homme qu'ils croisent. Ils ne savent pas encore que certains de mon espèce amènent la mort au cœur de la forêt, à coups de fusil et de bulldozer. Il n'y a plus un seul endroit sur terre où la vie sauvage est préservée du danger des hommes.

Je reste là, assis, prenant des notes sur mon petit carnet. De temps en temps, les gorilles se frappent la poitrine pour m'impressionner. Le dos argenté crie par deux fois pour me garder à distance. Je mange des marantacées pour les rassurer. Ils ont compris, je pense, que je suis inoffensif. Si bien qu'ils reviennent vers moi, me contournent, mais restent là, autour, curieux. Les plus jeunes veulent s'approcher, mais n'osent pas. C'est sûr, ils n'ont jamais vu un homme avant moi.

La mission se poursuit et j'alterne les séances d'observation entre la petite et la grande clairière. Bien vite, je concentre mon travail sur la deuxième, plus riche. Dans les premiers temps, je passe chaque matin par la petite clairière pour rejoindre la grande, constate l'absence des gorilles, et poursuis mon chemin. Puis, je dégage une piste qui me permet de rejoindre directement la grande, gagne ainsi chaque jour un temps précieux que je peux consacrer à cet espace fabuleux. Nombreux sont les gorilles à fréquenter cette grande clairière. J'y observe des groupes importants qui comptent jusqu'à une dizaine d'individus. J'ai le plaisir de filmer aussi d'autres animaux : des potamochères qui passent souvent devant mon observatoire, des éléphants qui viennent manger en s'immergeant jusqu'à mi-corps (leur bien-être évident fait plaisir à voir), des chimpanzés, des sitatungas qui traversent discrètement la clairière… Être ici est comme une immersion dans un documentaire animalier, sans la voix de Pierre Arditi ou d'André Dussolier. Juste les bruits de la forêt, réjouissants, vivifiants, tonifiants même.

Au fil des jours, certains gorilles commencent à s'habituer à ma présence. Il faut dire qu'à présent je sais ce qu'il faut faire pour cela. Face au dos argenté, sans délai, je m'accroupis, montre que je suis inoffensif, évite son regard. Face à une femelle ou un subadulte, je me présente en tapotant sur mes genoux ou en émettant un petit cri de crainte (une sorte de « hou ! hou ! » soumis). Ils cherchent à savoir quel animal est là tapi dans la végétation. Une fois, un jeune mâle monte à un arbre pour m'observer d'en haut avant de redescendre quelques minutes plus tard, rassuré sans doute. Ce jour-là, le dos argenté mange de l'autre côté de la clairière, sans aucun signe d'inquiétude.

Une autre fois, c'est sur le chemin que je croise un groupe. Je me signale par les bruits habituels. Ils viennent vers moi, passent sur les côtés au pas de course, dans la végétation. Je ne bouge pas, accroupi bien sûr. J'entends le dos argenté qui cherche à les rassurer en émettant une sorte de ronronnement très calme qui semble dire : « Pas d'inquiétude, les gars, celui-là, je le connais, on ne risque rien. » Il a probablement enregistré mon odeur, mes bruits singuliers.

La grande clairière m'offre de belles plages d'observation, de longues séances où je vois mes petits manger, jouer, se reposer en toute quiétude. Pourtant, la méconnaissant encore, je n'ai pas installé mon hamac au meilleur endroit. Dans une zone que je pensais fréquentée par les éléphants, j'ai posé un piège vidéo. Sur les images enregistrées, des gorilles, venus en fin de journée, vers 17 heures, à l'heure où je les croyais en train d'installer leur nid pour la nuit. À l'écran, je les vois creuser la berge, faire de grands trous dont ils retirent de la terre à pleines mains pour la manger. C'est une découverte. Nous connaissons si mal ces animaux. Sans doute font-ils comme les éléphants qui brassent le fond des salines pour en faire remonter les sels minéraux et les aspirer de leur trompe. Comme eux, les gorilles cherchent les nutriments qui se trouvent là, et la terre, en profondeur, est probablement plus riche. Qu'ils aient ce savoir, transmis de génération en génération, m'émerveille. D'autant plus que nous, les hommes, l'avons perdu depuis longtemps, incapables que nous sommes de trouver notre pitance ailleurs que dans un supermarché. Du haut de notre suffisance, nous ne voyons pas tout ce que les animaux ont à nous apprendre. Nous préférons piller leur milieu naturel, le détruire, pour fabriquer des tables de jardin en bois exotique.

Fin janvier, le Remplaçant me demande de venir à Bambidie. La Wildlife Conservation Society doit dispenser une formation auprès des cadres de la CFT. J'y assiste, écoute, sans me faire d'illusion. La WCS est là pour vendre un programme informatique à la CFT afin d'enregistrer des chiffres, tirer des statistiques, ce qui permettra à tout le monde de se donner bonne conscience, mais qui n'aboutira à rien. Du business. Rien d'autre. Ce qu'il faudrait, à mon sens, c'est établir des fiches signalétiques des gorilles, répertorier chaque individu, ses caractéristiques physiques, ses signes distinctifs, les lieux qu'il fréquente. Faire valider ensuite ses observations par des scientifiques. Voilà ce qui permettrait de véritablement connaître le nombre de gorilles présents sur la concession. Ce serait autre chose que de cocher une case dans un programme informatique à chaque fois que l'on en voit un.

C'est ce que je ferai, si je continue mes missions. Car depuis quelque temps, l'idée d'arrêter me trotte dans la tête, et le retour du Remplaçant n'y est pas pour rien. Je sens bien qu'il n'a aucune considération pour moi, qu'il n'accorde aucun crédit à mon action et qu'il préférerait avoir affaire à des pairs, issus de l'enseignement supérieur en agronomie si possible, de l'université Gembloux de préférence. Il a d'ailleurs accepté d'accueillir sur la concession un nouvel étudiant de cette université dont il est issu.

Pour diffuser le résultat de mon travail, je ne peux guère compter que sur la presse. J'accueille à Okondja un journaliste d'un magazine jeunesse. Comme celle de l'AFP au début de la mission, il reste trois jours avec moi. Nous nous rendons plusieurs fois à la clairière, mais voir des gorilles n'est pas facile avec lui. Il ne peut pas monter sur la plate-forme à cause d'un problème physique. Nous demeurons au sol où immanquablement nous nous faisons repérer. Un dos argenté nous crie dessus. D'un signe, j'arrête mon invité qui commence à se lever pour partir. Il a eu peur, mais ne verra rien. Les gorilles restent cachés dans la végétation.

Le jour suivant, nous visitons quelques écoles. Il constate le travail pédagogique mené depuis plusieurs années maintenant. J'insiste sur l'importance de ce volet éducatif. Sans cela, tout ce que je réalise pour les gorilles n'aurait pas de sens. Nous retournons à la clairière où, enfin, il voit un groupe. C'est une bonne chose. Son article en sera meilleur. Mais sur le chemin du retour, je ne peux m'empêcher de penser que c'est une mauvaise pratique, de déranger ainsi les gorilles, venir les perturber avec des personnes peu préparées à leur rencontre. Je n'aime pas ça. Le journaliste l'a compris.

Lorsque je l'ai ramené à Bambidie, le Remplaçant a essayé de me mettre son étudiant dans les pattes. J'ai fermement refusé, lui ai précisé que je n'étais pas là pour faire de la formation. Nos relations sont de plus en plus tendues. Travailler avec ce type devient difficile. Il impose ses vues et méprise tout le monde. Je ne comprends pas comment l'exploitation peut se dérouler sereinement avec lui. Je préfère me tenir à distance. Et pour cela, travailler à Okondja, à plus de deux heures de route, est une bonne chose. Et s'il faut arrêter, j'arrêterai.

La distance ne m'empêche pas d'être dépendant du bon vouloir de la CFT. En prolongement de la première semaine de cette mission et de ma collaboration avec l'ambassade de France au Gabon, je dois accueillir le conseiller Forêt et la conseillère de Coopération et d'Action culturelle à Okondja pour leur montrer mon travail sur le terrain. Pour cela, je dois obtenir l'autorisation de la compagnie. Heureusement, ce n'est pas le Remplaçant qui décide, mais son supérieur, le directeur général à Libreville avec lequel les relations sont bien plus faciles. Et celui-ci me donne son accord.

En attendant la venue du personnel de l'ambassade, la fin de la mission approchant, je décide de rapatrier mon matériel de la grande clairière à la petite pour mes derniers jours à Okondja. Les premières heures passées là sont à l'instar des premiers jours de la mission. La clairière est déserte. J'imagine les gorilles installés dans un bosquet chargé de fruits bien mûrs, bien décidés à ne pas le quitter avant d'en avoir épuisé les ressources. Ils sont paisibles, heureux, repus. L'image est réjouissante et fait sourire, mais elle ne me suffit pas. Je suis au Gabon pour les observer. Ne pas les voir me contrarie. Je m'impatiente comme un gamin.

Dès le lendemain, la situation change. Comme s'ils avaient senti mon impatience et décidé de ne plus me fuir. Il est tôt. J'entends d'abord un cloc-cloc. Quelques minutes plus tard, un groupe apparaît sur ma droite. Les gorilles s'éparpillent de part et d'autre de la clairière. J'ai une vue panoramique sur la scène. En moi monte une douce joie devant ce spectacle. J'en compte huit, puis douze. Deux groupes sont présents en même temps. Un dos argenté fait une charge, de l'intimidation qui n'a d'effet que pour lui. Les autres autour restent imperturbables, calmes et sereins. Je vois même les membres des deux groupes jouer ensemble.

J'espère que ce retour n'est pas ponctuel. Rien n'a changé ici par rapport aux premiers jours infructueux au début de cette mission. Peut-être ont-ils en effet mangé tous les fruits de l'arbre qui les retenait loin d'ici.

Je récupère enfin les membres de l'ambassade à Bambidie et les mène directement à la clairière. Là, je monte dans mon arbre pour voir plus loin si des gorilles sont présents. Mes deux invités restent au sol, me regardent intrigués. Quand j'en vois un groupe de sept apparaître de l'autre côté de la clairière, je leur fais signe. Ils se mettent tous les deux à quatre pattes comme je le leur ai conseillé, avancent doucement dans les herbes pour mieux voir les primates au loin. Vue d'en haut, la scène est cocasse. Les deux représentants de l'ambassade sont ravis. Je peux compter sur mes petits quand le moment est important. Je dois en effet convaincre mes invités de l'intérêt de mon action sur le plan environnemental et sur le plan culturel. Pour cette deuxième partie, je les amène au village de Pénéné qui nous attend pour le déjeuner. Je veux qu'ils constatent mon inscription dans le paysage local et qu'ils voient à quel point cette implantation au cœur des villages peut être un avantage pour la diffusion culturelle française. Pénéné et les siens ont mis les petits plats dans les grands pour accueillir ces deux dignitaires français. Je m'amuse cependant en voyant la conseillère culturelle, plus habituée sans doute aux cocktails mondains de la capitale, manger du bout de sa fourchette le manioc qui nous est servi. Je les conduis ensuite à mon camp. Quand nous arrivons, un groupe de gorilles est là à cinquante mètres de ma case. À croire qu'il s'agit d'une mise en scène pour mes visiteurs. Leur séjour est bref, mais ils en ont vu assez pour être convaincus de l'intérêt de me soutenir dès la tournée dans les écoles que je réaliserai en juin prochain.

Il est temps désormais de ramener le matériel. Je dois aussi me rendre à la grande clairière. J'y ai laissé un piège vidéo en espérant saisir quelques images de gorilles. Tandis que je transporte du matériel, j'entends farfouiller dans les feuillages non loin du chemin. C'est un solitaire, à coup sûr. Je m'arrête et attends. Surprise, mauvaise : il s'agit d'un éléphant qui surgit à quatre mètres devant moi. J'ai encore en tête les images du chasseur gabonais que j'ai dû conduire au dispensaire il y a quelques mois. Je n'ai aucune envie de me retrouver dans son état. L'éléphant commence à bouger ses oreilles, signe inquiétant. Je me sauve. Il me charge. Je cours et il est derrière moi. Je me découvre une certaine agilité à filer dans la végétation. Moi qui suis si maladroit habituellement, trébuchant sur le moindre obstacle, je me faufile entre les arbres, évite les branches et saute par-dessus les racines. L'instinct de survie provoque des miracles. Par chance, je ne suis pas loin de la faille au long de laquelle il faut cheminer pour rejoindre la clairière. Je commence l'ascension de cette déclivité, prends un peu de hauteur et l'éléphant, un mâle, abandonne sa poursuite. Une femelle avec son petit n'aurait rien lâché.

Mars, et je repars, en France. J'ai le sentiment que ce sont mes derniers instants ici. Le Remplaçant veut m'imposer une collaboration avec la WCS, mais je ne crois pas en leur action. J'ai téléchargé leur rapport annuel. Du bidon. Une justification des subventions qu'ils perçoivent, mais aucune action concrète. S'il faut arrêter maintenant, ainsi soit-il. Je suis allé au bout de ce que je pouvais réaliser ici. Bientôt viendront à Okondja les bulldozers de l'exploitation. Je ne veux pas voir les animaux de ce paradis se faire dézinguer. Je range tout comme si je ne devais jamais revenir. De toute façon, les relations avec le Remplaçant ne pourront qu'empirer, rien ne marchera jamais avec lui.

Je retiens les points positifs de cette expédition, ma douzième au Gabon. Mes petits étaient là quand il le fallait, avec les journalistes comme avec les représentants de l'ambassade. Ces derniers me soutiendront, même si j'interviens en dehors du territoire exploité par la CFT. Le directeur général aimerait, lui, que je poursuive. Il me l'a dit à Bambidie avant mon départ pour Libreville. Il sait que mon action est bénéfique pour la communication de la CFT. Je lui ai répondu que je réfléchirais une fois en France. Mais quand je vois l'ambiance à Bambidie parmi les travailleurs de la compagnie, je n'ai aucune envie de revenir. Il est loin le temps béni de L'Éléphant. Au fond, j'ai l'impression que tout le monde s'en fout.

Un dernier rendez-vous à Libreville, avant de prendre l'avion pour Paris, me permet cependant d'entrevoir de nouvelles perspectives. Je rencontre deux représentants de l'ANPN. Notre entretien ouvre sur un projet dans les parcs nationaux du Gabon. Je suis rassuré de savoir qu'une porte de sortie existe et fier de cette collaboration à venir pour laquelle les deux scientifiques rencontrés ont fait confiance à l'autodidacte, l'homme de terrain que je suis. Ensemble, nous allons chercher des clairières à gorilles, comme je l'ai fait à Bambidie et Okondja, dans le parc national d'Ivindo, classé patrimoine mondial de l'Unesco. À suivre…

# Deuxième intermède suisse

Zurich, mai 2016

Les Suisses ne veulent pas me lâcher. Les responsables de la holding me proposent un rendez-vous à Zurich. Si ma présence agace le Remplaçant, mon travail est bénéfique à leur image. Ils veulent discuter, me faire des propositions, disent-ils. Je ne suis pas dupe. Je sais bien que la préservation des gorilles n'est pas leur priorité, qui reste l'exploitation des arbres et leur commerce. Mais pour cela, ils ont besoin d'une image vertueuse. Mon projet leur permet de communiquer en ce sens. Du *greenwashing* comme on dit de nos jours.

D'emblée, je pose deux conditions à la poursuite de notre collaboration. D'abord, je veux avoir les mains libres, ne plus dépendre du Remplaçant. Ensuite, je leur demande de s'engager pour le développement d'un écotourisme destiné aux actionnaires de la holding. Je veux sensibiliser ces « riches » à la préservation de la forêt tropicale et, par là, influer sur leur vision du monde.

Le choc émotionnel que provoque la rencontre avec les gorilles peut changer la façon dont on perçoit la vie. Les Suisses sont plutôt ouverts à mes conditions, mais le Remplaçant, soutenu par le directeur général de la CFT à Libreville, s'y oppose. Il veut imposer un scientifique, une supervision d'une ONG. Il sait bien que je vais refuser. Il cherche à faire échouer la discussion. La direction suisse tente de rattraper le coup, m'offre un salaire et un budget. Ce seraient là des conditions d'exercice confortable. Je n'ai jamais été payé autant que ce qu'ils me proposent. Ce serait aussi, je n'en doute pas, la fin de mon indépendance. Je décline leur proposition et mets fin à mon histoire avec la CFT. Je rentre en France, non sans un sentiment de gâchis.

Les Suisses me rappellent quelques semaines plus tard, pour que j'accompagne quelques membres du conseil d'administration dans la forêt d'Okondja. Je me revois en brousse quelques années auparavant avec des actionnaires qui avançaient avec peine dans la forêt tropicale. L'expérience n'avait rien d'exaltant. Pourquoi la renouveler ? La perspective de revoir les gorilles d'Okondja est trop alléchante, alors j'accepte. Mais ils ne se montrent pas. Les Suisses sont tout de même satisfaits de leur périple en brousse. Pour ma part, je repars avec le regret de ne pas avoir dit au revoir à mes petits. Je verrai d'autres gorilles, je n'en doute pas. Mais ceux-là, plus jamais. L'exploitation approche d'Okondja. Pendant le voyage retour vers Paris, une inquiétude pour mes gorilles me gagne, un sentiment sombre que je chasse bien vite. Je dois me concentrer sur la suite dans les parcs nationaux.

# Expédition XIII : Premiers pas dans la forêt primaire

Ivindo, octobre 2016

Je suis en train de préparer ma prochaine mission, avec l'ANPN, quand le message arrive dans ma boîte mail : *Monsieur Hurdebourcq...* Je collabore avec la CFT depuis 2008. Mon premier voyage à Bambidie remonte à 2006. En dix ans, j'ai effectué douze missions dans la concession forestière. Jamais, durant toutes ces années, personne ne m'a appelé « Monsieur Hurdebourcq ». Je sais d'emblée que le contenu de ce message sera désagréable. Il m'est demandé de retirer mon matériel des hangars de Bambidie. Le message m'est envoyé par une secrétaire, mais je devine qui l'a dicté. Le Remplaçant sait qu'organiser ce déménagement depuis Paris est difficile. Il espère une réponse résignée, dans laquelle j'abandonnerai tout. Pas question ! Je propose à l'ANPN de tout récupérer. Les écogardes trouveront bien une utilité à mon 4x4 et au reste : tentes, matériel d'escalade, appareils

GPS, pièges vidéo, projecteur, écran… Tous achetés, hormis le 4x4, avec mes fonds personnels. Mais le 4x4 disparaîtra. Vendu par le Remplaçant. Ultime mesquinerie pour solde de tout compte.

C'est contrariant, mais je ne veux pas me laisser troubler par ces bassesses. Je me concentre sur ma collaboration avec l'ANPN. Bambidie, c'est fini. Je ne crois pas que j'y retournerai un jour. La suite s'écrira dans le parc d'Ivindo. Mais avant tout, Joseph, le directeur technique de l'ANPN, veut me mettre à l'épreuve, tester mon endurance et vérifier mes réactions en forêt. J'arrive mi-octobre à Libreville, d'où je prends le train pour rallier Oboué à cinq cents kilomètres de là.

Le lendemain, je rencontre le pilote de la pirogue, Tom, avec lequel nous naviguerons sur l'Ogooué. Il faut attendre un transfert d'argent pour le carburant, me dit-il. L'équipe est livrée à elle-même depuis plusieurs années, presque abandonnée.

Enfin le départ, ou presque… Le moteur s'arrête toutes les dix minutes. Il y en avait deux de rechange, mais ils ont coulé dans la rivière lors des dernières grosses pluies. La mission risque d'être compromise à cause de ce moteur défectueux qui cale tout le temps. Impossible de remonter les rapides de l'Ogooué dans ces conditions. Tom suggère de trouver un véhicule. Ivindo est à une heure de route. Là, les écogardes pourront venir nous prendre en pirogue. Je pourrais être contrarié ; je ne m'en fais guère. Depuis que je parcours le Gabon, j'ai appris à accepter les contretemps. Nous partirons demain, peut-être…

Je change d'hôtel. Celui dans lequel j'ai dormi hier soir n'offrait qu'une chambre sans fenêtre. Le bleu layette qui recouvrait les murs n'atténuait pas le sentiment d'être enfermé dans une cellule. Je me réveille sous la pluie. J'attends des nouvelles de mes coéquipiers en regardant Télé Gabon qui diffuse un feuilleton à l'eau de rose brésilien très mal joué. C'en est assez drôle. À 11 heures, nous partons enfin, Tom et moi, en voiture vers Ivindo. Notre chauffeur nous dépose près d'une maison isolée au bord de la piste. Nous nous retrouvons là, tous les deux, au milieu de nulle part, avec quatre gros bidons d'essence pour la pirogue de l'ANPN qui doit venir nous prendre. Non loin coule la rivière.

Il est 19 heures quand les écogardes arrivent. Pendant que nous les attendions, un ancien de la CFT, qui travaille désormais pour un concurrent, est passé là. Croiser une connaissance en pleine brousse… c'est à peine croyable.

La pirogue est petite, le moteur peu puissant, et nous remontons le courant. J'ai parfois l'impression que nous reculons. Nous parcourons ainsi une vingtaine de kilomètres sur l'Ogooué. Il nous aura fallu deux heures pour rejoindre le camp Dilo.

Le lendemain, nous repartons du camp dès 7 heures, en quad. Direction le baï de Langoué, situé au cœur du parc national d'Ivindo. Le baï est une clairière découverte par Mike Fay, défenseur de l'environnement américain, en l'an 2000, durant son MegaTransect, long périple à pied à travers la forêt équatoriale, du Congo jusqu'aux côtes gabonaises. Mille neuf cent trente kilomètres parcourus en 456 jours pour attirer l'attention sur la dernière forêt vierge d'Afrique. Un projet fou. Moi qui pratique la jungle depuis de nombreuses années, imagine bien les difficultés qu'il a dû rencontrer en chemin. Les photos qu'il a réalisées durant son voyage, et qu'il a montrées à Omar Bongo une fois arrivé à Libreville, sont à l'origine de la création par le président défunt de treize parcs nationaux, dont celui d'Ivindo, recouvrant 10 % du territoire gabonais au total.

Sur notre quad chargé de bagages, nous roulons jusqu'à la rivière Dilo. Le pont qui l'enjambe est détruit et nous devons traverser à gué, de l'eau jusqu'à la taille. De l'autre côté, d'autres écogardes nous prennent en charge avec un gros quad équipé d'une benne. Nous roulons tant que la piste est praticable, puis nous partons à pied, trois écogardes et moi. Tom et le quatrième écogarde repartent avec le quad. En début d'après-midi, nous nous arrêtons enfin après neuf kilomètres de marche. Nous sommes à mi-chemin du camp de Langoué. Peu avant notre pause, nous avons croisé un éléphant. Les gars ont pris peur et nous avons rebroussé chemin. L'éléphant, effrayé lui aussi, a pris la fuite.

Nous sommes à la lisière de la forêt vierge. Tout en récupérant de notre marche, je contemple les arbres face à moi. Ils sont énormes. Je m'apprête à faire mes premiers pas dans une forêt primaire. Aucune exploitation n'est venue l'abîmer, épargnée *in extremis* par la création du parc national d'Ivindo alors que Rougier, un exploitant forestier concurrent de la CFT, s'apprêtait à couper ces arbres majestueux.

Après vingt kilomètres de marche, nous atteignons le camp de Langoué. Enfin ! Je suis à bout de forces. Certains écogardes ne sont pas venus ici depuis six ans, disent-ils. Je les comprends. Le trajet n'est pas une promenade du dimanche. Le camp est accueillant, confortable, équipé pour recevoir chercheurs et touristes. Une dizaine de bungalows sur pilotis sont posés sur une vaste dalle rocheuse. Des panneaux solaires fournissent l'électricité. L'endroit ferait rêver s'il n'y avait ces maudites abeilles qui nous agacent en permanence. Octobre est leur mois.

Le lendemain matin, nous nous réveillons tôt pour rejoindre la plate-forme du baï de Langoué. Les abeilles sont déjà à pied d'œuvre. Tandis que nous marchons, je songe aux vingt-cinq kilomètres qu'il me faudra parcourir demain, pour repartir et reprendre mon train pour Libreville. Je ne fais là qu'un voyage éclair, et ce que je découvre en arrivant à la plate-forme me le fait regretter. Des éléphants, des sitatungas, des buffles, des potamochères… Je suis sur la plate-forme comme un spectateur au cinéma. La grande différence ici, par rapport aux clairières que j'ai observées jusqu'à maintenant, c'est la tranquillité des animaux. Ils nous voient, mais ne fuient pas. Ils savent qu'il n'y a pas de danger. J'espère voir des gorilles d'ici notre départ demain matin.

Cette clairière est incroyable. Je compte jusqu'à vingt-cinq éléphants et vois au moins soixante-dix animaux en une journée. J'en perds le compte, et savoure le spectacle, presque gâché par mes compagnons. Ils semblent ne pas goûter les merveilles de ce lieu. Peut-être sont-ils blasés. Mais comment est-il possible de se lasser d'une telle beauté ? Je sais déjà que ces images m'aideront lorsque je me trouverai dans une mauvaise passe. Me les remémorer aura l'effet d'un baume qui apaisera mes bouffées d'éco-anxiété, mes angoisses face à la destruction de la vie sauvage, de la planète.

La nuit vient. J'ai installé mon hamac sur la plate-forme. Les bruits qui montent de la clairière sont fantastiques. Les grillons et les grenouilles composent une musique ininterrompue sur laquelle se superposent les ablutions des éléphants et, de temps en temps, le barrissement tonitruant qui réveille toute la forêt alentour. Le ciel est au-dessus de ma tête, clair et étoilé. Je suis comme dans un rêve.

Quand le jour se lève, les éléphants sont toujours là. Pourquoi iraient-ils ailleurs ? Moi, en revanche, suis obligé de repartir. Nous quittons le baï à 6 h 30. La route est longue jusqu'à la gare de Mouyabi où je dois prendre le train.

Nous l'atteignons en fin de journée. Encore, sur la piste, nous avons croisé un éléphant, avec, chez les écogardes, la même peur qu'à l'aller. En attendant le train, nous savourons une bière, méritée après cette rude randonnée. Le bar est une cabane en planches et tôles ondulées. Un néon dispense une lumière blafarde. Un téléviseur diffuse les infos gabonaises. Un nouveau gouvernement vient d'être nommé. Ensemble, nous rions en découvrant la tête des nouveaux ministres. Les Gabonais ne prennent rien au sérieux, et j'aime ça. Ils sont pourtant très impliqués dans la vie politique de leur pays.

Avant de partir, Tom me dit que personne n'a étudié les gorilles en dehors du mirador du baï de Langoué. Ce sera ma prochaine mission, lui dis-je avec un large sourire.

Enfin, mon train entre en gare. Il est 2 heures du matin. Je suis le seul voyageur sur le quai. Le train, lui, est bondé et tout le monde dort. Ma place est réservée mais occupée. Je réveille le squatteur qui refuse de bouger. Épuisé, je me résigne à une nuit difficile, mais plusieurs voyageurs prennent ma défense et l'obligent à partir. Tout s'arrange, comme souvent ici. Je m'installe et m'assoupis enfin. Mission accomplie.

# Expédition XIV : Une envie de silence

Ivindo, mars-juin 2017

Me voici de retour à Ivindo pour une véritable expédition avec l'ANPN. L'objectif n'a pas changé : trouver des clairières à gorilles à l'intérieur du parc national. Joseph m'a assigné deux écogardes pour cette mission, Stéphane et Fabrice. Ils ont une quarantaine d'années et une bonne expérience de la forêt.

Nous nous mettons en route fin mars. En voiture d'abord de Libreville à Booué, en pirogue ensuite pour rallier le camp Dilo, puis en quad tant que la piste est praticable, enfin à pied jusqu'au camp Langoué. Un long périple. Trois jours de voyage, durant lesquels j'ai appris à mieux connaître Joseph, mais aussi Stéphane et Fabrice. Je vais passer près de deux mois avec eux. Pour l'heure, nous devons rapatrier notre matériel et nos vivres déchargés du quad à l'entrée de la forêt. L'affaire nous occupe deux journées entières à quatre. Évelin, un porteur qui travaille pour l'ANPN, s'est joint à nous.

Une semaine s'écoule avant notre véritable départ en forêt. J'étais impatient de quitter le camp. Nous partons tous les quatre, Fabrice, Stéphane, Évelin et moi : direction le mont Kinguié à huit kilomètres. Fabrice mène le groupe le long d'une ligne de crête. La forêt n'est pas belle et peu propice à la rencontre avec les gorilles qui doivent se trouver plus bas, au creux de la forêt, où règne une humidité plus importante. Il me faut un moment pour comprendre que Fabrice privilégie un chemin où les communications téléphoniques sont possibles. Il marche tout en réglant des affaires personnelles avec son portable. Je dois jouer d'autorité pour imposer de descendre vers les bas-fonds de la forêt. L'objectif de notre mission prime sur les problèmes familiaux de Fabrice.

Les quelques kilomètres qui nous séparent du mont Kinguié sont difficiles à parcourir. La nuit approche et nous ne sommes toujours pas arrivés à destination. Parfois, la forêt joue des tours. Elle me fait penser au dessin de M C. Escher[1] qui représente un escalier de Penrose. Comme cet escalier perpétuel, la forêt ramène parfois l'explorateur à son point de départ. Nous ne sommes pas revenus au camp Langoué, heureusement, et bivouaquons près d'un ruisseau. L'endroit est magnifique, mais infesté de moucherons et d'abeilles. Seule la nuit parvient

1. Maurits Cornelis Escher (1898-1972), dessinateur et graveur néerlandais.

à nous en débarrasser. Tandis que l'obscurité gagne, j'entends un cloc-cloc. Des gorilles sont dans les parages et le dos argenté qui nous a entendus nous prie ainsi de bien vouloir garder nos distances.

Dès l'aube, nous reprenons la route. Nous atteignons notre destination, enfin. Le parc d'Ivindo se situe sur un vaste plateau dont l'altitude varie entre deux cents et trois cents mètres. À l'ouest du parc, le mont Kinguié culmine à sept cents mètres : une exception dans le paysage. Notre objectif est une vaste clairière où nous installons notre camp. Mais les conditions ici ne conviennent pas aux gorilles. La géologie n'offre qu'un substrat peu profond à la végétation qui pousse là. La clairière repose en effet sur une dalle rocheuse qui affleure par endroits. Nous entendons des chimpanzés cependant et partons à leur rencontre. Fabrice parvient à les interpeller. Il imite à la perfection leurs vocalises, ce qui intrigue les singes qui restent au-dessus de nous dans les arbres. Ils nous observent tout en criant. Contrairement à ceux de Bambidie, ils ne connaissent pas l'homme. Nous restons une heure avec eux avant de préparer notre camp pour la nuit. L'endroit est plus confortable que celui de notre bivouac précédent. Il y a une rivière, avec du sable et de la roche. L'eau est claire et je me baigne. Ce n'est qu'en sortant de la rivière que je remarque les insectes. Toutes sortes de bestioles se précipitent sur moi. J'ai l'impression que mon corps de petit Blanc est une friandise irrésistible à leurs dards.

La pluie tombe dru une bonne partie de la nuit. Au réveil, la rivière est boueuse, et je ne peux chasser le souvenir de la clairière de Bambidie détruite par une coulée de boue provoquée par les forestiers. Rien à voir ici. Ce sont des ruissellements naturels et la boue disparaîtra bien vite. Dès que le ciel s'éclaircit, nous partons explorer les alentours. Trouver une clairière à gorilles ici ne va pas être facile. Je me revois il y a quelques années, arpentant les forêts de Bambidie, N'Dambi, Milolé, Okondja, en espérant tomber, presque par hasard, sur une clairière ou une saline. Autant chercher une oasis dans le Sahara.

Soudain, un grommellement. Un éléphant, d'après Fabrice. Un dos argenté à mon avis. Le groupe n'est pas loin et le mâle nous prévient qu'il vaut mieux nous tenir à distance. Cela fait longtemps que je n'ai pas vu de gorilles et quelque chose me dit que ce ne sera pas pour aujourd'hui. Fabrice se met à imiter les grognements du dos argenté. Stéphane et Évelin frappent sur leur poitrine. Nous sommes quatre. Trois de trop pour une rencontre. Je le sais depuis ma première expédition : mieux vaut être seul pour observer les gorilles. Les hommes sont bruyants, ne peuvent s'empêcher de parler, et les gorilles aiment le silence. Je parviens tout de même à convaincre mes compagnons de s'accroupir et d'attendre. Évelin tient fermement sa machette.

Quelques gorilles approchent. À leur comportement, je devine qu'ils ne croisent jamais d'humains ici. Le dos argenté se montre. Je filme. Aucun signe de stress. Nous restons une heure avec eux. Notre présence ne les effraie pas. Les gorilles de Bambidie seraient partis depuis longtemps. C'est nous qui partons, à quatre pattes, vers notre camp.

Malgré cette rencontre, je ne crois pas cette zone propice à l'observation. Les plantes dont ces primates raffolent poussent dans des tourbières. La dalle rocheuse sur laquelle nous sommes n'offre pas assez d'humidité pour cela. Nous restons une journée de plus, coincés là par la pluie. Dans l'après-midi, Évelin trouve non loin de notre camp un chevrotain aquatique, tué par une panthère qui l'a à peine entamé, probablement dérangée par notre présence. Le chevrotain est une espèce protégée. Le soir, les gars le cuisinent en chantant. Sa viande ressemble à du veau. C'est fête.

Après un court séjour à Langoué, nous repartons en brousse. Nouveau bivouac à trois heures de marche. Lorsque nous sommes rentrés, je me suis tordu le genou sur une piste d'éléphant boueuse. Une glissade dont je ressens encore les effets deux jours après.

Une fois le nouveau camp installé, Fabrice me demande s'il peut poser des pièges. Je ne peux leur imposer les sardines en boîte durant toute la mission et j'accepte à contrecœur. Nous sommes dans un parc national. Il m'assure que c'est pour attraper un porc-épic. Je décide de le croire.

La journée qui suit est laborieuse. Je suis lourd, me déplace sans aisance. Ma glissade, il y a deux jours, en est la preuve. L'âge pèse, tout comme, je dois l'admettre, le manque de motivation. J'ai hâte d'en finir. Les insectes, les piqûres, les griffures, la nourriture… Je n'ai plus l'énergie pour endurer cela. En parlant de nourriture, les pièges de Fabrice ont fonctionné. Deux porcs-épics mijotent dans la marmite. Cela a un peu le goût du lapin. J'en mange sans grand appétit et pas mal de mauvaise conscience.

Nous ne trouvons toujours pas de clairière, mais j'apprends beaucoup, avec les écogardes, sur l'orientation en forêt et l'observation des traces des animaux (sauf les gorilles sur lesquels j'en connais plus qu'eux). Les jours de pluie nous obligent à rester au camp. Le soir, autour du feu, les hommes racontent des histoires qui prennent toujours une dimension fantastique : l'esprit d'un disparu revient rôder autour de son village sous la forme d'un éléphant, les Pygmées sont capables de se changer en arbres pour approcher les animaux… Mes compagnons les racontent en français pour que je puisse comprendre. Mais le plus souvent, à la veillée, ils parlent le kota, un dialecte du nord-est du Gabon, et m'écartent ainsi des conversations. Cela ne me gêne pas. J'aime vivre à l'écart des autres. J'ai assez à faire avec moi. C'est l'heure où je m'installe dans mon hamac pour écrire dans mon carnet.

À la fin de cette semaine, infructueuse jusque-là, nous trouvons enfin l'aiguille dans la botte de foin. Même si nous rencontrons de nombreux animaux, potamochères, chimpanzés, éléphants (ceux-là nous font perdre une heure au moins à chaque fois tant les écogardes en ont peur : il faut alors effectuer un large détour pour les éviter, bien que, le plus souvent, les éléphants fuient à notre approche), nous trouvons peu de traces de gorilles. Le jour qui précède notre retour à Langoué, nous suivons un petit ruisseau, trois kilomètres de marche jusqu'à une chute. Spectacle grandiose. Devant nous, une vallée avec des montagnes couvertes d'arbres en face. Nous dominons la canopée dont la surface ondule sous nos yeux, comme un océan de verdure. À couper le souffle, à donner l'envie de s'installer ici pour le temps qu'il nous reste, parce que l'on sait qu'ailleurs, rien ne pourra égaler la magnificence de ce paysage. Nous sommes au moins à six cents mètres d'altitude. Pourtant nous sommes descendus pour suivre ce ruisseau. La forêt est difficile à comprendre, même les écogardes ont du mal à s'orienter dans ce dédale de ruisseaux, montagnes, bas-fonds et rivières. Nous repartons pourtant, laissant derrière nous cette vue sublime, et finissons par trouver enfin une petite clairière à gorilles.

Une ombre au tableau de ces derniers jours. Les gars ont attrapé un céphalophe, petite antilope des forêts, dans leur piège. Cette chasse par ceux qui sont supposés l'empêcher me dérange. J'ai refusé d'en manger et me suis contenté de riz aux petits pois. Tandis qu'ils mangeaient leur viande de brousse, mes trois compagnons me lançaient des regards inquiets. Ils savent pourtant que je ne peux les dénoncer. Je suis leur complice.

Nous changeons d'organisation. Fabrice nous quitte pour assister aux obsèques de son père. Évelin va travailler sur le baï avec un jeune chercheur français. Je pars seul avec Stéphane. La nuit qui précède notre départ, je fais un mauvais rêve, étrange. D'abord des images d'animaux que l'on dépèce, désosse, le sang qui coule, les chairs à vif… Tel un meurtrier en proie à la culpabilité, je dépose une marmite dans une zone industrielle… Nul besoin de dictionnaire des rêves pour en trouver le sens.

Nous arrivons au camp. Deux porcs-épics en réserve… Stéphane déprime de se retrouver seul avec moi. Les conversations avec ses camarades vont lui manquer ; d'autant que j'ai l'intention de passer mes nuits dans l'observatoire que nous allons installer.

Un groupe de potamochères à pinceaux traverse la rivière près de notre bivouac. Je les regarde passer, admirant leur pelage. Stéphane se lance à leur poursuite, une grosse branche à la main. Je dois l'arrêter avant qu'il n'en estourbisse un. Je n'ose imaginer le carnage. Le sang dans la rivière, les hurlements d'incompréhension de la pauvre bête matraquée en plein bonheur. L'arcade et l'Arcadie défoncées dans le même geste barbare. C'en est trop ! Je demande à Stéphane de ne plus poser de pièges. Il accepte, de mauvaise grâce. Pourtant, les deux semaines précédentes ont fourni assez de viande pour aller au bout de notre mission.

De mon hamac perché dans les arbres, je ne vois aucun gorille. Seules les abeilles me rendent visite. Depuis le début, cette mission a quelque chose de dissonant, de dysharmonique, et les pièges posés à outrance par les écogardes ne sont pas sans lien avec notre manque de résultats. La forêt nous fait payer notre mauvais comportement.

Et comme pour confirmer cette approche quelque peu mystique, Stéphane tombe malade. Puni par là où il a péché. Il prétend qu'il s'agit d'une crise de paludisme ; je soupçonne la viande de porc-épic mal fumée qu'il a mangée d'être à l'origine de son état. Il en avait retiré les asticots et l'avait fait bouillir avant de la manger, mais cela n'a pas suffi. Il se sent fatigué et aimerait rentrer à Langoué. C'est lui qui me fatigue, sa peur des éléphants, son incapacité à supporter l'isolement en forêt, sa propension à raconter n'importe quoi pour arriver à ses fins, sa mauvaise volonté.

Nous retournons à Langoué. Est-ce la lassitude de cette expédition ? Le camp se révèle à mes yeux dans son état de délabrement. J'ai dû manquer d'attention jusque-là. Au bar, deux trous béants révèlent l'emplacement des haut-parleurs qui autrefois diffusaient la musique. Ne restent que les spots au plafond. Mais l'endroit n'a plus rien de festif. Personne n'y danse. La grande époque où Mike Fay accueillait les touristes ici, dans la gloire encore fraîche de son MegaTransect est bien loin. Même les photos d'animaux aux murs sont moisies et insolées. Leur image semble sur le point de disparaître. Pourvu que ce ne soit que leur image… Les équipes de l'ANPN ont remis en état le pont qui permettra aux quads de venir à Langoué et les premiers touristes arriveront bientôt. Je suis content de partir avant que le camp ne devienne surpeuplé.

Pour les derniers jours, j'ai décidé de travailler au baï de Langoué. Évelin et le jeune chercheur français y ont croisé trois groupes de gorilles en une semaine. Plus que nous en forêt ! Pourquoi courir en brousse à des kilomètres alors qu'ils sont tout près ? Et ainsi, Stéphane n'est plus seul avec moi. C'est salutaire, pour nous deux. Charles et Ricardo, écogardes, seront avec nous. J'ai l'intention de me rendre au baï tous les jours.

Charles m'accompagne le premier jour. Les éléphants sont au rendez-vous, mais les gorilles ne font que signaler leur présence par quelques cloc-cloc. Charles parle trop fort. C'est un bon gars. Il se pose beaucoup de questions sur la vie, la mort... J'essaie de l'apaiser, mais parfois j'ai la tête comme une enclume et envie de silence. Dans nos discussions apparaissent des histoires incroyables. Il me dit, très sérieusement, que si j'aperçois un éléphant sans queue, c'est un humain qui s'est transformé. Toujours cette dimension fantastique dans les récits. L'Éléphant en racontait aussi. Ce souvenir me rend nostalgique. Je pourrais tenter de convaincre Charles que ce ne sont que des légendes, des racontars, mais, au fond, j'aime bien ces histoires qui mettent de la magie dans notre monde.

Retour à la plate-forme le lendemain, avec Stéphane. Un groupe de sept gorilles est là. L'un d'eux est défiguré par la maladie de pian. Ils sont craintifs, mais pas dérangés par ma présence. Ils se nourrissent de grandes herbes, des cypéracées.

Dans le baï, un groupe de vingt-cinq éléphants. J'assiste à une scène incroyable. Un éléphanteau, malade ou fatigué, est allongé, immobile depuis une heure. Cinq ou six adultes, dont la mère, constatent la situation de détresse du jeune. Ils lancent des cris et déploient toute leur énergie pour relever leur petit. Une fois debout, il est escorté par les adultes jusqu'à l'extérieur du baï. L'instinct d'entraide et de survie.

À la mi-journée, un nouveau groupe de gorilles. Ils mangent des herbes et lèchent la terre. Puis nous rentrons au camp. Toujours cette attitude stressante de Stéphane, sa peur de croiser un éléphant. Il est complètement démotivé, et moi aussi. Je compte les jours jusqu'à la fin de cette mission. J'aurais voulu explorer le pourtour du baï, mais l'idée refroidit Stéphane. Comment faire avec lui ? Impossible de s'enfoncer en forêt. Je compte sur les pièges vidéo et espère une rencontre fortuite.

Pour le motiver, je propose un reportage photos sur une mission d'inspection du baï de Langoué afin de valoriser le travail des écogardes. Ainsi, nous partons, Stéphane, Charles et moi, en quête de traces de braconnage. Nous sommes sur une large piste où cheminent des éléphants. Je veux prendre une photo pour immortaliser ce moment où deux écogardes prennent des risques pour accomplir leur mission. Je commence à peine à régler mon appareil que Stéphane se met à pâlir ; un éléphant en face vient vers nous. Stéphane détale, Charles le suit. Ils me disent de courir aussi. Pas question ! L'éléphant est loin et il n'y a aucun danger. Je rejoins les deux écogardes d'un pas normal. Je sermonne une nouvelle fois Stéphane pour son attitude irrationnelle. En vain, je le sais. Tout de même, c'est incroyable cette façon que les éléphants ont d'apparaître comme par magie.

Pour les dernières heures dans le parc d'Ivindo, je décide de dormir en brousse. J'ai besoin de sortir du camp Langoué. Stéphane fait la tête. Je le rassure. C'est la fin de la mission et nous allons rapatrier le matériel. Demain matin, je relèverai les pièges vidéo à la clairière. Stéphane attend la délivrance. Impossible de lui proposer autre chose que le rangement du matériel. Ces deux mois en forêt étaient une trop longue épreuve pour lui, le rendant chaque jour plus inefficace.

Moi-même, je ne suis pas au mieux. Depuis le début, mes nuits sont mauvaises, peuplées de rêves difficiles tournant souvent aux cauchemars. La forêt tropicale n'est pas un univers apaisant. L'homme s'y retrouve face à ses démons. De retour au camp Langoué, nous croisons trois touristes anglais en route pour une nuit au mirador. Il est temps de partir. J'accueille volontiers la fin de cette mission qui manquait de sérénité, d'harmonie. Jamais je n'ai autant eu l'impression de déranger la nature. Les écogardes qui m'accompagnaient y étaient pour beaucoup. Mon rêve est de travailler avec des Pygmées. On dit d'eux qu'ils ont un rapport bien différent avec la forêt, qu'ils lui témoignent du respect. Et c'est bien ce qui nous a manqué ici.

# Expédition XV :
# Quand la forêt se vide

Congo, janvier-avril 2019

Tandis que je dresse l'inventaire de mes années auprès des gorilles, je prends contact avec une société forestière qui opère en République du Congo et qui m'avait sollicité il y a quelques années. J'ai besoin de confronter mes connaissances à un nouveau territoire. La concession de cette société représente un million d'hectares et compterait 70 000 gorilles, la plus forte concentration au monde. Je m'étais dit que plus jamais je ne travaillerais dans une forêt exploitée, mais l'appel des gorilles et la perspective d'un nouveau terrain d'exploration aussi vaste ont balayé ce décret. Repartir de zéro en terre inconnue était tentant. Je m'envole pour une mission de trois mois.

J'arrive au Congo[1] à la fin du mois de janvier, en compagnie du directeur général de la compagnie. L'objectif est toujours d'identifier les clairières à gorilles. Cette fois, les forestiers me fournissent des cartes détaillées sur lesquelles sont pointés les marécages à explorer. Une douzaine de zones humides, toutes enregistrées sur notre appareil GPS, que nous allons visiter pour identifier celles favorables aux gorilles. Je vais terminer l'hiver dans la forêt tropicale.

Après une réunion avec le responsable de l'aménagement et le chargé des relations avec les villages, au cours de laquelle mes huit années d'expérience dans la forêt gabonaise et ma connaissance du fonctionnement des compagnies forestières rassurent, nous quittons Ngombé où se trouvent les bureaux de la compagnie pour rallier les villages d'Attention et de Lengoué. J'y assure deux séances de sensibilisation à la préservation des gorilles alors que vient, je le sens, une crise de paludisme. L'Afrique me met à l'épreuve.

Nous rejoignons ensuite la base-vie de la compagnie, installée en bordure de la rivière Sangha, un affluent du fleuve Congo, magnifique. J'y retrouve Vincent, ancien employé de la CFT, celui qui avait

1. République du Congo, dite Congo-Brazzaville, qui se trouve sur la rive droite, à l'ouest du fleuve, à ne pas confondre avec la République démocratique du Congo, dite Congo-Kinshasa, qui s'étend à l'est depuis l'autre rive.

pris la suite du Remplaçant et qui m'avait aiguillé vers la forêt d'Okondja. Il est maintenant directeur de l'exploitation de cette société.

J'ai besoin de repos, de reprendre des forces avant de partir en forêt. Quelques jours durant lesquels je recrute des pisteurs, Papyro, Arsène et Cédric, ainsi que des porteurs pour les caisses de nourriture et de matériel. Mi-février, nous partons en brousse depuis le village d'Ibanga, où cohabitent autochtones[2] et bantous[3], pour deux semaines, en quête de la première clairière. La piste que nous suivons est une piste de chasse. Nous y trouvons de nombreuses douilles de calibre 12 destiné au petit gibier.

La forêt congolaise est difficile. Le sécateur est dans mon sac à dos. Nous avançons à coups de machette. Nous progressons avec peine dans un enchevêtrement de marantacées et d'arbustes parfois urticants. Nous ne voyons pas à plus d'un mètre. Nous n'atteignons pas la première clairière avant le soir comme je l'espérais et bivouaquons en forêt. Je m'endors, épuisé, autant par les séquelles de ma crise de paludisme que par cette première marche, bercé par le croassement des grenouilles et le bourdonnement des insectes.

---

2. En Afrique centrale, le terme de « Pygmées » est considéré comme péjoratif. « Autochtones » est le terme qui désigne cette ethnie.

3. Terme pour désigner tous ceux qui ne sont pas autochtones.

À la première clairière, nous démontons trois pièges. Des braconniers opèrent ici. Pourtant, je trouve des traces de gorilles fraîches. La route nationale traverse la concession à quelques kilomètres seulement. Trop près à mon goût. De cette route, braconniers et chasseurs doivent s'enfoncer dans la forêt de dix kilomètres au moins. Nous mettons le cap vers notre deuxième étape. En route, nous trouvons des empreintes d'éléphants. Les premières. Nous nous rapprochons du parc d'Odzala-Kokoua. La faune sera, j'espère, plus riche dans cette zone.

Nous installons notre camp, près d'un large ruisseau qui abrite de petits crocodiles noirs. J'ai envie de dormir, mais les hommes n'ont qu'une idée : capturer un crocodile pour le manger... L'affaire prend plusieurs heures et il est tard quand nous nous mettons à table, une heure du matin quand nous nous couchons enfin. Un vieux Blanc comme moi a besoin de sommeil pour tenir en brousse. Je leur expliquerai cela demain. Ce sont de bons gars. Déjà ils entrevoient tous les bienfaits qu'apporterait une activité écotouristique. Nous en avons discuté pendant le dîner.

Au matin, les porteurs nous quittent. Nous les retrouverons plus tard dans la mission. Pour l'heure nous rayonnons depuis notre camp, explorons des clairières qui me paraissent peu intéressantes : trop peu d'*Hydrocharis*. Et même si je trouve des traces de gorilles, l'absence de singes dans les arbres n'est pas encourageante. J'ai l'impression que la forêt est vide. C'est démoralisant.

Sur la carte, nous repérons une tache bleue, sans doute une clairière qui n'a pas été enregistrée dans notre GPS. Papyro est un bon pisteur et nous trouvons vite cette petite clairière. Enfin, je sens la présence de mes petits. Des colobes sont là qui jouent au-dessus de nos têtes. Les *Hydrocharis* sont nombreuses. Je décide d'installer un observatoire ici. Il nous faudra un camp léger pour un homme et moi à quelques centaines de mètres afin d'être dès le lever du soleil dans l'observatoire. Impossible d'allumer un feu qui nous signalerait auprès des animaux. Les hommes qui resteront au camp principal, à deux kilomètres de là, nous apporteront nos repas.

Le soir, à la veillée, Papyro me confie sa crainte de voir tout s'arrêter quand je serai parti. Si le projet d'écotourisme n'aboutit pas, il ne sera pas embauché comme guide. Je le rassure sans trop y croire. Les forestiers appréhendent la forêt comme un gisement, à l'instar des sociétés minières. Face au poids économique de ces ressources, les animaux ne pèsent pas lourd.

Le matin, la forêt vibre sous nos yeux. Un mouvement permanent, une agitation dont les termites sont la cause. Ils sont inoffensifs, contrairement aux magnans, et traversent le camp sans provoquer trop de désagrément.

L'installation de l'observatoire réserve toujours son lot de surprises. La corde que j'ai achetée sur Internet pour cette mission est de piètre qualité. Elle glisse et mon appareil antichute n'accroche pas. Impossible de monter. Papyro, précieux homme, coupe des morceaux de branches qui, assemblés avec la corde, constituent une échelle efficace.

Arsène reste avec moi le premier soir tandis que Papyro et Cédric retournent au camp principal. Arsène, ancien militaire, a l'habitude de s'adapter au terrain. Il bricole toutes sortes d'équipements, étagère, sèche-linge, tabouret, pour nous faciliter la vie. J'ai hâte de monter dans mon poste d'observation.

Deux jours d'attente avant d'apercevoir un premier groupe de huit gorilles qui repartent aussitôt, alertés par le claquement de ma bâche de protection sous l'effet du vent. Mais leur venue est rassurante. Pourtant les jours suivants me font déchanter. 70 000 gorilles et aucun ne vient ici. Je commence à douter de l'intérêt de cette clairière et me demande même si les équipes d'inventaire que j'ai aperçues avant notre départ, constituées de travailleurs étrangers qui s'enfoncent dans la forêt un mois durant pour effectuer leur travail, ne sont pas à l'origine de l'absence d'animaux. Ils chassent pour se nourrir. Ils ont, je le crains, décimé la faune locale. Demain, nous irons visiter d'autres clairières. Le soir, je demande à Arsène de m'expliquer pourquoi il y a eu la guerre au Congo à partir de 1997. S'ensuit une longue explication d'une heure à laquelle je ne comprends pas tout. Arsène non plus, j'ai l'impression…

Les autres clairières n'ont rien donné. Pas même un sitatunga. C'est à croire que tout a été mangé ici. Nous avons trouvé des traces de chasseurs. Même mes hommes commencent à douter, eux qui ont posé six pièges et n'ont rien capturé, pas même un porc-épic. Je me demande si cela vaut la peine de poursuivre.

Nous sortons de la forêt. Retour à Ibanga. La prochaine incursion durera trois semaines. Je n'emmènerai pas Cédric qui manque d'assurance. Constituer une bonne équipe demande du temps, des essais, des échecs. Au village, des Pygmées m'offrent des atangas. Ils n'ont pas grand-chose, mais le partagent.

Pour la deuxième incursion, je pars avec Papyro et Raphaël, un autochtone. J'ai toujours voulu travailler avec les Pygmées Bakas. Dommage de le faire ici, dans une forêt maltraitée. En progressant sur une piste, nous trouvons une dizaine de pièges sur cinquante mètres à peine. Des pièges confectionnés avec du câble métallique, le même qu'utilisent les forestiers pour maintenir les grumes sur les camions. Le braconnage est intense ici. Bien pire que ce que j'ai pu observer jusque-là. Et je devine que ses auteurs bénéficient de complicités, d'employés de la concession ou d'écogardes, peut-être des deux.

En chemin vers une clairière avec Papyro, nous entendons la plainte d'une antilope prise dans un piège. Nous nous dirigeons vers elle pour la libérer, mais les cris s'arrêtent soudain. Elle est morte, de peur ou de douleur. J'en ressens une profonde tristesse. Cette forêt si dense, d'apparence si riche, se meurt. En une journée, nous retirons une centaine de pièges. Il y a plus de pièges que d'animaux ici. La mort est partout. Parfois nous libérons une bête, souvent nous arrivons trop tard. Le mal est fait. Nous trouvons la clairière, petite mais intéressante. Mais, à ce rythme, restera-t-il des gorilles ?

En visitant la suivante, nous trouvons un camp de braconniers. Le feu fume encore, mais nous avons fait fuir ses occupants. Je découvre des restes de gorille ; une cuisse et la peau. Partout des restes d'animaux ; une vraie boucherie. Ce camp est là depuis des mois. Sans doute les braconniers se sont-ils installés après le dernier passage du WCS. En plaçant des pièges par centaines, ils vident la forêt, sans distinguer ni l'espèce ni l'âge. Selon Papyro, ce sont des Bakwélés qui viennent de Sangha Palm, un village dont le nom vient de la société éponyme qui produit de l'huile de palme dans la cuvette Sangha. Les pièges que nous retirons depuis le début de cette exploration sont les leurs.

Quand nous rentrons à Ngombé, notre rapport et les centaines de pièges que nous ramenons ont l'effet d'une douche froide. Nous les remettons au chef des Eaux et Forêts en présence des cadres de la compagnie forestière, d'un représentant du WCS et d'un chef des écogardes. Personne n'est surpris et tous se cachent derrière les baisses budgétaires.

Nous poursuivons l'exploration des clairières sans Raphaël, introuvable. La fameuse liberté des Pygmées… Arsène et Papyro sont de la partie. Deux autres bantous, Charly et Bruno, se joignent à nous. Mais le cœur n'y est pas. Je supporte mal de constater le mauvais traitement infligé à cette forêt. J'ai parfois l'impression d'avancer au milieu d'un chantier. Son bois est abattu et parfois gaspillé. Des billes coupées lors de la dernière campagne sont abandonnées au bord des pistes. Personne ne viendra les chercher. Et j'enrage plus encore de savoir que ces arbres, plusieurs fois centenaires pour certains, des monuments, ont été abattus sans raison, que des animaux ont vu leur environnement détruit pour rien. L'homme se comporte ici en enfant gâté.

Énième clairière sans intérêt. Je suis de mauvaise humeur, déprimé de voir une forêt dans un tel état, agacé que mes guides se contentent de suivre par facilité ces déprimantes pistes de débardage. Papyro le comprend qui cherche à me mettre du baume au cœur en me montrant une technique pour attirer les gorilles : il rentre son ventre pour former une cavité et frappe dessus avec ses mains pour imiter un jeune gorille qui appelle sa mère. Le résultat est bluffant, mais aucun gorille ne vient. C'est son père qui lui a appris ce geste qu'il avait lui-même appris de son père. Un Blanc avec lequel il travaillait a vu comment tirer profit de ce savoir-faire en l'utilisant pour capturer des gorillons et les vendre aux zoos en Europe. Cela se passait à la fin des années 1970. D'abord, il fallait attirer le dos argenté pour le tuer. Pareil pour la mère. Alors il était possible d'attraper le jeune gorille. Encore fallait-il qu'il soit sevré et qu'il ait des dents pour se nourrir et s'adapter à la captivité. Les trop jeunes étaient abandonnés à leur sort, j'imagine.

Je suis atterré par cette histoire, regrette d'avoir accepté un temps les financements de ceux qui sont à l'origine de ces exactions. Comment considérer les zoos comme des espaces de divertissement, d'éducation après ça ?

Nous trouvons enfin une clairière intéressante. Quelques traces de gorilles, fraîches. Nous installons mon hamac dans un arbre. Les gars préparent l'échelle de corde, mais l'installation est instable. L'arbre est trop haut et je risque de me briser le cou. Mes années en forêt n'ont rien effacé de ma maladresse. Nous trouvons un autre arbre, moins haut. À bien y réfléchir, chuter de ce nouveau belvédère serait tout aussi dangereux.

En retournant au camp, nous voyons un dos argenté qui descend d'un arbre. Les membres du groupe sont sans doute à proximité. Papyro me propose d'utiliser sa technique pour que je puisse les filmer. Je n'y crois pas trop, mais prépare ma caméra. Au bout de quelques minutes, une femelle apparaît, à six mètres à peine. Elle est inquiète, mais ne semble pas avoir peur. L'équipe est cachée derrière moi. J'attends la charge du dos argenté, mais il reste dans les feuillages à quelques mètres. Je n'en crois pas mes yeux. Incroyable Papyro !

Le lendemain, je suis à mon poste d'observation dès 5 h 30. Je me suis réveillé tôt à cause d'un bruit de crépitement, comme celui des oignons frits à la poêle. Le bruit s'est invité dans mon rêve que j'ai oublié. Quand j'ai ouvert les yeux, je me suis rendu compte que le bruit venait des termites qui avaient envahi ma tente. Ils étaient si nombreux que la toile plastifiée bruissait sous leurs pas.

Cette journée n'amène rien, sinon des fourmis et une chaleur insupportable. Je passe le temps en lisant *Légendes d'automne* de Jim Harrison. C'est toujours ça. À Paris, je n'ai jamais le temps d'ouvrir un livre. J'ai le sentiment que cette mission ne donnera rien, mais je la mènerai au bout, ne serait-ce que pour permettre à mes gars de toucher leurs salaires. Ils en ont besoin.

Nous enchaînons les visites de baïs, sans succès. Les hommes sont fatigués. Papyro s'est fait piquer au visage par des guêpes noires, Arsène a mal à une cheville et Charly est malade ; il a bu de l'eau stagnante il y a deux jours, dans laquelle je n'aurais pas trempé un pied. Parfait pour contracter la dysenterie. Seul Bruno tient le coup. Je n'aurais pourtant pas parié sur lui que j'ai failli renvoyer après quelques jours. Je suis bien content qu'il soit là à présent. Je les laisse au repos. La fin de la mission approche et je pars seul démonter mon matériel.

Avant de regagner Ngombé, je pars en forêt avec Papyro pour couper un morceau de liane en forme de nœud marin que je veux ramener en France. C'est la première fois que je pense à rapporter un souvenir de la forêt. J'ai le sentiment que mon histoire ici sera bientôt derrière moi. Je termine le livre de Jim Harrison et ses histoires de peuples disparus, de sociétés révolues. Des histoires qui pourraient bien vite s'écrire ici.

L'ultime incursion dans la forêt se fait depuis le village de Zoulabouth. Je pars avec deux guides pygmées, Fabrice et Gilbert, Papyro et Arsène, bien sûr. Dès le premier jour, j'entends au loin le cloc-cloc d'un jeune gorille. À ce bruit, j'éprouve toujours la même excitation qu'à mes débuts il y a près de quinze ans. La chance sera-t-elle avec nous ?

Nous retournons dans la forêt aux braconniers où nous étions passés il y a un mois environ. Ils semblent ne plus être là et les animaux sont revenus. Deux antilopes fuient à notre approche, des empreintes de gorilles fraîches de ce matin, des traces du passage d'éléphants. Nous retrouvons le camp des braconniers. Les écogardes, les seuls habilités à détruire ce type d'installations illicites, n'ont pas fait leur boulot. Nous le démontons en espérant prévenir leur retour.

Cette mission au Congo prendra fin dans dix jours. Presque trois mois ici et si peu de gorilles. C'est sans doute l'expédition la moins fructueuse menée jusque-là. J'ai installé mon hamac sur une clairière riche en *Hydrocharis*. C'est sans doute ma dernière chance de filmer des gorilles. La zone paraît très active. Des singes tout autour de moi. Deux échassiers à bec recourbé partent en poussant un cri. Et toujours les fourmis, dans mon hamac, et contre lesquelles je me bats. J'attends, mais ne vois que des colobes.

Deux jours plus tard, je filme enfin mes petits, un groupe de trois. Plus tard, j'aperçois un solitaire dans la clairière. Il me regarde, reste trois quarts d'heure à manger des herbes après les avoir rincées soigneusement, puis s'éloigne, paisible. Je recommanderai de protéger cette clairière.

Quand je reviens le dernier jour, je retrouve mon solitaire. Peut-être en est-ce un autre, mais je me plais à croire qu'il s'agit du même animal, qu'une complicité est déjà possible entre nous. Il part, et je passe la journée à attendre face à une clairière vide. Je somnole, ferme les yeux quelques minutes pour me reposer. Quand je les ouvre, ils sont là, et j'ai l'impression d'être dans un rêve. Parfois, les gorilles apparaissent comme par magie. Ils mangent, ils jouent, comme s'ils avaient toujours été là.

Après quelques séances pédagogiques, je repars pour deux jours en forêt, en compagnie de Pygmées, pour visiter des baïs fréquentés par les gorilles, selon les anciens du village. Nous prenons une pirogue pour remonter la rivière Sangha et nous enfoncer dans les marais. Le voyage est magique sur une eau transparente où se reflètent les arbres de la forêt tout autour. Nous sinuons entre les herbes aquatiques pendant deux heures avant d'arriver à notre première étape, un camp de pêche.

Le premier baï que nous visitons est un marécage. Les gorilles le fréquentent, mais ils ne se prêtent pas à l'observation. Le deuxième est du même acabit. Vingt kilomètres de brousse pour rien. Moi qui ai longtemps rêvé de travailler avec les Pygmées, je suis bien déçu par cette expérience. De retour au village, le chef me confie que les gorilles se trouvent bien plus loin dans une grande tourbière difficile d'accès. C'est sûrement vrai, mais il est temps pour moi de rentrer. Je reviens fatigué et attristé par l'état de la forêt que j'ai explorée. J'ai pu vérifier ma capacité à dénicher des gorilles dans n'importe quelle forêt d'Afrique centrale. Mais aurai-je l'occasion de la mettre en pratique à nouveau ?

# Épilogue

Je dois me réaccoutumer à la France. Passer de la forêt tropicale à un environnement pauvre en biodiversité m'angoisse. Grâce à Monique, nous quittons Paris pour Tréguennec, un petit village du Finistère. Notre nouvelle maison se situe à moins d'un kilomètre de l'océan, dans une zone Natura 2000[1] et sur un site Ramsar[2]. Un éden à mes yeux ! La maison était inhabitée depuis longtemps et le jardin à l'abandon. Il a des airs de forêt vierge : quelques plantes exotiques, palmiers, bananiers, bambous, poussent là sans retenue à la faveur du doux climat de la Bretagne.

Notre installation ici, à la fin des terres, facilite la transition, me donne le sentiment qu'une vie moderne respectueuse de la nature est possible.

---

1. « Les sites Natura 2000 visent une meilleure prise en compte des enjeux de biodiversité dans les activités humaines. Ces sites sont désignés pour protéger un certain nombre d'habitats et d'espèces représentatifs de la biodiversité européenne » (https://www.Natura2000.fr).

2. La convention de Ramsar est un traité international adopté le 2 février 1971 pour la conservation et le développement durable des zones humides d'importance internationale, particulièrement comme habitats des oiseaux d'eau.

Quelques semaines après, un article dans la presse locale me rappelle ce monde guidé par le seul profit dans lequel nous vivons. Un gisement de 66 000 tonnes de lithium, soit un an de consommation mondiale, est découvert à Tréguennec. Il passe sous notre maison. Bérangère Abba, secrétaire d'État auprès de la ministre de la Transition écologique, chargée de la biodiversité, déclare : « C'est un site exceptionnel, mais les besoins sont importants, la pression géostratégique est forte sur ce type de métaux. Il faut mesurer plus précisément, avec des scientifiques, l'ampleur de ce gisement[3]. » Le message est clair : l'écologie ne pèsera pas lourd face à la valeur économique de cet or blanc. Nous n'avons pas de leçons à donner aux pays africains. Heureusement, l'esprit de lutte des Bretons reste vivace. Monique et moi serons à leurs côtés aux premiers coups de pelleteuse !

Ironie du sort, le producteur que j'avais démarché pendant de longues années m'annonce que le documentaire sur mon travail au Gabon sera réalisé. Pile au moment où j'ai décidé d'arrêter… Les forestiers sont d'accord. Ils y voient l'opportunité d'un coup de pub. Moi, celle de valoriser enfin le travail accompli. J'accepte, pour conclure mon histoire avec les forestiers.

---

3. Cité dans l'article de Didier DENIEL, « Le lithium du sous-sol de Tréguennec attise les convoitises », *Le Télégramme*, 17 février 2022.

Pour préparer le tournage, je pars en repérage. Je dois vérifier si les petits seront au rendez-vous. Ce film arrive au plus mauvais moment. Une mine de manganèse vient d'ouvrir dans la région d'Okondja et les forestiers ont repris les campagnes d'abattage. Dès les premiers kilomètres, je constate le bouleversement du paysage. La piste est devenue une autoroute où circulent d'énormes camions chargés de minerai. Ils avancent en convois, par dizaines, dans un va-et-vient incessant. La perspective de ces mêmes convois sur les petites routes de Tréguennec m'effraie. Le camp d'Okondja, mon village fantôme, n'a plus la tranquillité que je lui connaissais. Il est occupé par les ouvriers de la CFT et résonne du vacarme provoqué par le fréquent passage des grumiers. Je vais saluer les habitants de Mamidi et rendre hommage au chef du village, Pénéné, décédé il y a quelques mois. Ici, personne ne se plaint de l'arrivée des miniers et du retour des forestiers. Ce sont de nouveaux clients pour les commerces du village.

Je retrouve tant bien que mal la piste menant à la clairière. Plusieurs grands arbres sont tombés naturellement. Il faut les contourner pour retrouver le chemin. Heureusement les éléphants ont ouvert de nouveaux passages. Je les suis et arrive enfin à destination. Il y a des indices de présence des gorilles, mais beaucoup moins que par le passé.

La raison s'entend : les grumiers passent à cent mètres de là, sur une nouvelle piste ouverte pour l'exploitation. Encore une fois, je pense à Tréguennec, la maison et son jardin extraordinaire dont la tranquillité sera bientôt anéantie par le passage des camions.

De nouveau, ici, à Okondja comme avant à Bambidie, l'univers des gorilles est dévasté par l'exploitation. Imaginez sortir de chez vous un matin et découvrir à la place de la boulangerie, de la place du village, un terrain vague. Tous les lieux familiers, l'église, le bistrot, l'école ont disparu. Plus rien ne ressemble à ce que vous connaissiez. Comme dans ces films de guerre où les habitants errent parmi les décombres après le bombardement. L'exploitation ne laisse derrière elle qu'un champ de ruines dans lequel les grands singes n'ont plus de repères.

Un gorille vit une quarantaine d'années. Dans cette région, seuls les vieux dos argentés, ont connu la forêt vierge. La plupart ont côtoyé les hommes, ont grandi avec leurs bruits, les camions, les tronçonneuses, et savent le danger qu'ils représentent. Les vieux gorilles ont peut-être transmis le souvenir de la forêt primaire aux plus jeunes. Quand le temps sera venu pour ces plus jeunes de transmettre à leur tour, ils transmettront ce qu'ils savent des hommes et du danger qu'ils représentent.

Tourner ici n'est pas possible. Il faut trouver une autre clairière. Comme à Bambidie, la forêt d'Okondja ne se relèvera pas de sitôt. Les arbres coupés ici se retrouveront bientôt sur les étals des supermarchés, transformés en salons de jardin. Pensez-y la prochaine fois que vous voudrez en acheter un. Les gorilles vous remercieront.

Je me rabats sur Milolé où je repère deux salines intéressantes. Pour l'heure, j'attends une équipe de France 2 Afrique. Dans le contexte de la pandémie de COVID, je dois organiser une rencontre avec les gorilles et une séance de sensibilisation dans une école. Après avoir accepté, les forestiers refusent la venue des journalistes. Ils n'auraient pas toutes les autorisations nécessaires. La journaliste m'assure que tout est en règle ; ils sont déjà à Libreville avec leur matériel. Je ne veux pas les avoir fait venir pour rien. Avec l'aide de quelques complices, j'organise une visite éclair et clandestine dans la clairière de Bambidie. J'emmène la journaliste et son cameraman dans une zone appréciée des gorilles. Incroyable ! J'entends du raffut à cent mètres, comme si un commando avançait à marche forcée. Un groupe. Je fais signe aux journalistes de s'accroupir et de se préparer à une charge. Je me place en première ligne. Le cameraman saisit la scène, la charge du dos argenté et sa famille en arrière-plan. Ils sortent de la forêt groggy, mais comblés. Merci les petits. C'était sans doute la dernière charge d'un dos argenté à laquelle je serai confronté. La première semble si loin.

Nous ne pourrons pas tourner la partie du reportage dédiée à la sensibilisation des enfants. Tandis que nous nous dirigeons vers l'école de Milolé, l'équipe de France 2 est arrêtée. Il manque une autorisation. Les journalistes doivent quitter le Gabon et moi faire amende honorable à la gendarmerie de Lastoursville. L'histoire aurait pu s'arrêter là. Mais trois semaines plus tard, le reportage est diffusé au *Journal de 20 heures* de France 2. Les autorités gabonaises le prennent mal et je suis sommé d'expliquer ma présence dans ce reportage illégal. Pendant plusieurs jours, je suis interrogé par la police et la gendarmerie. Heureusement, mon implication pour la préservation de la forêt gabonaise et des gorilles n'est plus à démontrer. Au bout du compte, je suis félicité pour cet engagement. Quant aux journalistes, ils seront interdits de séjour au Gabon pour longtemps.

Je quitte le Gabon épuisé et sans envie d'y revenir pour le documentaire. Pourtant, malgré les conditions défavorables, je participe à ce tournage si longtemps attendu. L'expérience est difficile. Jouer une naïveté que je n'ai plus devant la caméra me pèse. Le film doit être positif pour les jeunes qui le verront. Mais la fraîcheur ne s'improvise pas. C'est d'autant plus difficile que pour les besoins du film, la compagnie forestière a dépêché un employé, parachuté responsable de la faune, poste nouvellement créé auquel je ne crois pas. Une mise en scène pour les caméras.

Avec ce tournage, j'en ai fini avec les forêts exploitées par l'homme, mais pas avec les gorilles. Comme si mes petits ne voulaient pas me lâcher, je rencontre à Rennes un Gabonais breton, Adrien, qui se bat pour protéger les forêts de son pays. Il a pour ambition « d'éveiller la conscience écologique des opinions publiques de la planète, grâce au réenchantement du monde ». Vaste programme qui s'appuie sur des échanges scolaires entre l'Europe et l'Afrique. L'ANPN est partenaire du projet. Le souvenir du baï de Langoué, des éléphants et des gorilles revient. Immanquablement, Adrien ravive en moi l'envie de partir en forêt et de retrouver mes petits. Je veux en être !

« Les hommes et le bétail qu'ils ont domestiqué représentent 96 % des mammifères sur terre. Le reste ne représente que 4 %[4]. » Comment préserver ces rares animaux qui vivent à l'état sauvage ? Les forces sont déséquilibrées, le combat inégal. C'est ce que j'ai dit à L'Éléphant la dernière fois que je lui ai parlé au téléphone, mais la cause en vaut la

4. Discours de sir David Attenborough, documentariste naturaliste, lors de la première du film *Our Planet*, Londres, 4 avril 2019.

peine. Au Gabon comme à Tréguennec, je n'entends pas baisser les bras. Et quelque chose me dit que la génération qui vient n'a pas l'intention de les baisser non plus. Si l'avenir me le permet, je veux lui apprendre comment il est possible d'approcher le gorille, si près que l'on pourrait presque murmurer à son oreille.

# Remerciements


Jean-Marie dit « L'Éléphant »
Andrés Gut
Frédéric
Maurus
Patrick
Gérard
Luis
Rachel Mulot
Guy-Albert Moubamangoye
Yves-Laurent Goma
Anne-Cécile Bras
Le chef Pénéné
Catherine Pénéné
Le village de Mamidi
Jean Ngambangonde
Magdalena Bermejo
Alex Barosso Pujol
Justin
Olivier Mouganza
Narcisse dit « L'Américain »
Joseph Okouyi
Cécile Martin
Papyro
Les instituteurs des villages
Le Gabon et sa forêt
Monique et Jean-Claude

# Table

Papier à base de fibres certifiées.
Bois issu de forêts gérées durablement.

Achevé d'imprimer par
ROTATIVAS DE ESTELLA,
en mai 2023,

Dépôt légal : juin 2023

*Imprimé en Espagne*